MPAcc MAud
复试真题超精解

审 计

总策划 ◎ 乐学喵考研复试研究院

主编 ◎ 段文佳

北京理工大学出版社
BEIJING INSTITUTE OF TECHNOLOGY PRESS

版权专有　侵权必究

图书在版编目(CIP)数据

MPAcc、MAud 复试真题超精解．审计 / 段文佳主编
． -- 北京：北京理工大学出版社，2023.12
ISBN 978－7－5763－3292－6

Ⅰ．①M… Ⅱ．①段… Ⅲ．①审计学-研究生-入学考试-自学参考资料 Ⅳ．①F230

中国国家版本馆 CIP 数据核字(2024)第 014111 号

责任编辑：王梦春	文案编辑：闫小惠
责任校对：周瑞红	责任印制：李志强

出版发行 ／ 北京理工大学出版社有限责任公司
社　　址 ／ 北京市丰台区四合庄路 6 号
邮　　编 ／ 100070
电　　话 ／ (010) 68944451（大众售后服务热线）
　　　　　　(010) 68912824（大众售后服务热线）
网　　址 ／ http：//www.bitpress.com.cn

版 印 次 ／ 2023 年 12 月第 1 版第 1 次印刷
印　　刷 ／ 三河市文阁印刷有限公司
开　　本 ／ 787 mm×1092 mm　1/16
印　　张 ／ 12
字　　数 ／ 282 千字
定　　价 ／ 59.80 元

图书出现印装质量问题，请拨打售后服务热线，负责调换

一、审计的"痛"我都懂!

审计这门课大家都觉得很难,不仅读起来晦涩难懂,做题也极易摸不着头脑。难,本身不可怕,重要的是搞懂为什么难。对症下药,一切都不是问题!

审计的难,主要体现在以下两个方面。

一是审计离我们很遥远。日常生活中,我们或多或少都记过账或看别人记过账,所以会计相对而言会好理解得多。但是,"查账"离我们的生活就太远了。没见过,自然不明白审计可以解决什么问题。

二是审计这门学科实务导向强。整本书都偏向于工作指南,通篇在讲各种"注册会计师的考虑因素"与"注册会计师应当怎么做",却没有讲"为什么要这么做"与"为什么不这么做"。结论多于原因,不免让人倍感说教,"望而退却"。

二、审计学什么?

我们可以将审计简单地理解为"查账"(并不准确,仅为帮助入门)。"查账"虽离我们很遥远,但医院"查病"大家应该不陌生。下面佳姐就来借助医院看病的例子,帮助大家理解审计这门学科。

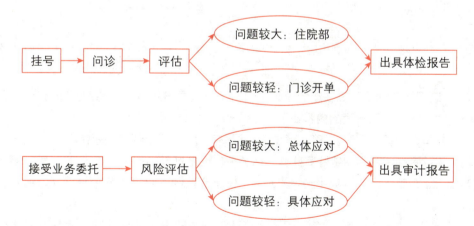

如果你感觉身体不舒服,来到医院你会先去挂号。排到号,顺利见到医生,医生会对你进行问诊,了解你的症状、病史,以便开出针对性的检查单。问诊过程实际上就是医生对你的健康状况进行评估的一个过程。如果没有这种评估,医生就只能给你做一套从头到脚、事无巨细的检查,这无论对你的钱包还是身心都是一场"浩劫"。通过初步评估,如果医生感觉你的健康问题比较大,就会要求你立即住院,以便接受更加系统、全面的治疗。但如果医生发现你可能只是有点鼻炎,就会安排你在门诊部针对鼻炎做一些检查,并根据检查结果出具诊断书。

对于审计也是这样，会计师事务所属于第三方中介机构，接受股东委托后方可开展审计工作。注册会计师接受业务委托后，由于时间和成本有限，对被审计单位的所有账簿都查一遍显然是不可能完成的任务。与"问诊"类似，注册会计师也是通过了解企业各方面，找到容易发生错误的高风险领域，从而针对性地进行检查。如果注册会计师发现这家公司多个项目都有问题，或者这个公司管理层存在重大舞弊行为，注册会计师就需要多派能手、多提供督导、多"出其不意"，以便应对"狡猾的敌人"。如果注册会计师发现只有几个项目有问题，就可以只把重点放在这些高危项目上。经过一番"风险评估"与"风险应对"后，注册会计师对于这家公司的账有没有问题，就能形成审计结论、出具审计报告了。

三、本书讲什么？

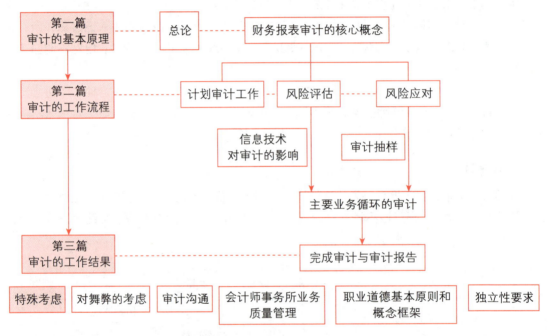

《审计》这门学科就是在讲注册会计师如何对一家公司进行审计。针对这一过程，我们可以将本书分为三大篇，每一篇的内容如下。

第一篇，审计的基本原理。第一章总论主要讲审计的基础原理，包括审计是什么，审计有什么作用，审计有哪些分类，做好审计有什么要求，没做好面临什么法律责任。第二章则是在总论的基础上，限定于审计的其中一种类别——注册会计师的财务报表审计业务，细致讲解其核心概念。

第二篇，审计的工作流程。第三章计划审计工作主要讲注册会计师如何开展初步业务活动，接受客户委托以及计划审计工作。第四章是全书的重要核心，讲的是注册会计师如何在风险的指导下，通过风险评估与风险应对找出被审计单位的账务问题。第五章实际上就是对第四章风险导向审计理论的应用，通过四种主要的业务循环（销售与收款循环、采购与付款循环、生产与存货循环、货币资金循环）帮助大家更好地理解风险评估与风险应对。

第三篇，审计的工作结果。第六章完成审计与审计报告讲的是审计工作的最后一个阶段,在这一阶段注册会计师要评价审计过程中发现的问题,并要求被审计单位更正错误、复核审计工作笔记(底稿)……在此基础上形成审计意见、发布审计报告。

除此之外,注册会计师在审计工作中还需要利用信息技术、审计抽样技术,并需要特别考虑怎么与前任注册会计师进行沟通,怎么发现与应对舞弊,怎么保持独立性与职业道德从而不受干扰的发表审计意见。 这些内容由于考频并不高,只有极少一部分学校涉及,故不在本书中进行详细讲解,学有余力的同学可以扫描本书封面二维码获取电子版内容。

四、只学这本书够吗?

我统计了会计专硕、审计专硕中考查审计科目的 279 所院校,翻阅了这些学校给出的 33 本参考书目,并分析了 1582 道真题,发现考研复试中审计考点非常集中,本书六章的 92 个考点基本可以囊括大部分学校 100% 的考点,部分学校 90% 以上的考点。 对于大部分学校来说,学好本书这六章内容即可。 但也存在部分学校,由于本身专业科目考查较少,所以审计会考得更深一些,在完成本书的情况下需要扩充学习上部分框架里提到的其他内容(扫描本书封面二维码即可获取)。

需要补充学习的学校及专业

学校	专业
中国财政科学研究院	审计专硕
北京交通大学	审计专硕
北京国家会计学院	审计专硕
南京审计大学	审计专硕
南京信息工程大学	审计专硕
天津财经大学	审计专硕
西北政法大学	审计专硕
西京学院	审计专硕
四川大学	审计专硕
厦门国家会计学院	审计专硕
山东大学	审计专硕

审计之旅就此开始,祝愿同学们都能轻装上阵,所向披靡!

目录

第一篇 审计的基本原理

第一章 总 论 /3
- 第一节 审计的起源、定义和特征 /3
- 第二节 审计的分类 /5
- 第三节 审计的职能和作用 /9
- 第四节 注册会计师的业务类型与保证程度 /11
- 第五节 审计基本要求及注册会计师的法律责任 /12
- 第六节 会计师事务所的组织形式 /15
- 真题精练 /16

第二章 财务报表审计的核心概念 /20
- 第一节 财务报表审计的概念 /20
- 第二节 审计五要素 /21
- 第三节 审计目标 /23
- 第四节 审计风险 /27
- 第五节 审计过程 /31
- 第六节 审计证据 /32
- 第七节 审计程序 /38
- 第八节 审计工作底稿 /45
- 真题精练 /48

第二篇 审计的工作流程

第三章 计划审计工作 /57
- 第一节 初步业务活动 /58
- 第二节 总体审计策略与具体审计计划 /59
- 第三节 重要性 /61
- 真题精练 /72

第四章 审计的思路和步骤 /75
- 第一节 风险评估概述 /76
- 第二节 了解被审计单位及其环境等方面 /77
- 第三节 识别和评估重大错报风险 /84

第四节 针对财务报表层次重大错报风险的总体应对措施 /87
第五节 针对认定层次重大错报风险的进一步审计程序 /89
第六节 控制测试 /90
第七节 实质性程序 /95
真题精练 /99

第五章 主要业务循环的审计 /109
第一节 销售与收款循环的审计 /110
第二节 采购与付款循环的审计 /118
第三节 生产与存货循环的审计 /121
第四节 货币资金的审计 /132
真题精练 /137

第三篇 审计的工作结果

第六章 完成审计与审计报告 /149
第一节 完成审计工作 /149
第二节 审计报告的基本内容 /159
第三节 审计意见的形成和类型 /160
第四节 沟通关键审计事项 /167
第五节 在审计报告中增加强调事项段和其他事项段 /170
真题精练 /173

第七章 跨章节综合题 /179
参考文献 /182

第一篇

审计的基本原理

第一章 总 论

📺 考情点拨

大白话解释本章内容

　　本章讲述的是审计的基础原理。为了全方位的认识审计,我们将围绕"3W"进行学习:什么是审计(What)?审计有什么用(Why)?做好审计需要关注哪些问题(How)?

　　关于"What",主要讲审计的起源、定义、特征以及分类;

　　关于"Why",主要讲审计的职能与作用;

　　关于"How",主要讲审计的基本要求,以及注册会计师没达到要求会面临的法律责任。

　　另外,我们还将了解许多同学非常向往的注册会计师这个群体,看看他们日常干什么工作,以及他们所处的会计师事务所是何种组织形式。

本章难度 ★
本章重要程度 ★★★

本章复习策略

　　本章内容比较简单,但属于高频考点章节,主要以名词解释、简答题及面试的形式考查。但是初次学习审计,难免会感觉话语晦涩,甚至毫无逻辑。大家需要在把握整体框架和关键词的基础上进行记忆。另外,审计的分类和注册会计师业务类型与保证程度是本章的超级高频考点,一定一定要hold住哦。

📖 考点精讲

第一节 审计的起源、定义和特征

◆ 考点1 · 审计的起源、定义和特征

1. 审计的起源

　　在经济社会逐渐发展的过程中,财富的所有权和经营权逐渐分离,衍生出了财产经营的委

托人和受托人关系。由于委托人和受托人的经济利益并不完全一致，委托人出于保护自身利益的动机，开始对受托人履行受托责任情况进行监督和审查。然而，由于经济关系日益复杂，委托人的监督和审查功能由于能力和手段以及其他因素的影响受到限制而不能充分发挥。由此，衍生出了独立于双方的第三方，其可以不受限制地监督、审查和评价受托人受托责任履行的情况并如实传递给委托人。

2. 审计的定义

审计(auditing)是一项**独立客观**的经济**监督、确认和鉴证**活动。它是由独立的专职机构或人员接受委托或授权，对被审计单位(auditee)特定时期的财务报表及其他有关资料，以及经济和管理活动的真实性、合法性、合规性、公允性、有效性和效益性进行监督、确认和鉴证的活动。

3. 审计的特征

1) 独立性

含义	注册会计师独立于被审计单位，能保护其形成适当审计意见的能力，使其在发表审计意见时免受不当影响，增强注册会计师诚信行事、保持客观和公正以及职业怀疑的能力
内涵	独立性包括实质上的独立性和形式上的独立性： ①实质上的独立性(精神独立)。实质上的独立性是一种内心状态，使注册会计师在提出结论时不受损害职业判断的因素影响，诚信行事，遵循客观和公正原则，保持职业怀疑态度 ②形式上的独立性(经济独立、机构独立)。形式上的独立性是一种外在表现，使一个理性且掌握充分信息的第三方，在权衡所有相关事实和情况后，认为会计师事务所或审计项目组成员没有损害诚信原则、客观和公正原则或职业怀疑态度
性质	**独立性是审计的灵魂。**正因为审计具有独立性，才受到社会的信任，才能保证审计人员依法进行的经济监督活动客观公正，提出证实财务状况和经营成果的审计信息才更有价值，才能对被审计单位确定或解除受托经济责任提供证据，更好地发挥审计的监督作用
保持措施	依法要求相关审计人员回避；对相关审计人员执行具体审计业务的范围做出限制；对相关审计人员的工作追加必要的复核程序

2) 权威性

审计的权威性是审计监督正常发挥作用的重要保证。审计的独立性决定了审计的权威性（专业人员＋专业机构）。

【例1·单选·安徽工业2023】审计人员以独立于被审计单位的身份进行审计活动，这反映了（　　）。

A. 实质上的独立性　　　　　　B. 形式上的独立性
C. 内容上的独立性　　　　　　D. 范围上的独立性

【解析】审计人员独立于被审计单位，以确保能够独立进行审计，从而对审查的事项做出客观公正的评价和鉴证，这是机构独立，属于形式上的独立性。

【答案】B

第二节　审计的分类

审计的分类
- 按主体分类：政府审计、民间审计与内部审计
- 按内容分类：财政财务审计、财经法纪审计、经济效益审计与经济责任审计
- 按技术方法分类：账表导向审计、系统导向审计、风险导向审计
- 按范围分类：全部审计、局部审计与专项审计

◆ 考点2·政府审计、民间审计和内部审计

1. 政府审计（国家审计）

政府审计指由政府审计机关代表国家依法进行的审计，主要监督检查各级政府及其部门的财政收支及公共资金的收支、运用情况。

我国政府审计的基本组织体系由中国共产党中央审计委员会、审计署及各审计机构组成。

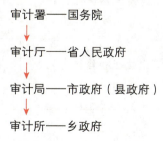

审计署——国务院
↓
审计厅——省人民政府
↓
审计局——市政府（县政府）
↓
审计所——乡政府

2. 民间审计（社会审计、独立审计、注册会计师审计）

民间审计指注册会计师依法接受委托，对被审计单位的财务报表及相关资料进行独立审查并发表审计意见的审计。

3. 内部审计

内部审计是企业内部的一种独立、客观的鉴证和咨询活动，它通过运用系统、规范的方法，审查和评价组织的业务活动、内部控制和风险管理的适当性和有效性，以促进组织完善治理、增加价值和实现目标。

4. 政府审计和注册会计师审计的区别与联系

1)共同点

注册会计师审计和政府审计共同发挥作用，是国家维护市场经济秩序，强化经济监督责任的有力手段，两者都是国家治理体系及治理能力现代化建设的重要方面。

2)区别

要点	政府审计	注册会计师审计
执行主体	政府审计机关（审计署和地方审计厅、局、所）	注册会计师
审计对象	政府财政收支、国有金融机构和企事业组织财务收支	企业财务报表
审计目的	确定其是否真实、合法和具有效益	确定其是否符合企业会计准则、是否公允反映
标准	《审计法》和审计署制定的国家审计准则	《注册会计师法》和财政部颁布的注册会计师审计准则
经费或收入来源	行政行为：财政预算，由政府保证	市场行为：有偿，费用和审计客户协商确定
取证权限	具备更大的强制力，有关单位和个人应当支持、协助、反映情况和提供材料	没有行政强制力，很大程度上有赖于企业及相关单位配合和协助
发现问题的处理方式	作出审计决定，提出处理和处罚意见	提请企业调整或进行披露，没有行政强制力，如企业拒绝，根据情况出具保留或否定意见的审计报告

5. 内部审计和注册会计师审计的区别与联系

1)联系

注册会计师在执行业务时可以利用被审计单位的内部审计工作。

2)区别

要点	内部审计	注册会计师审计
独立性	受到一定限制	较强的独立性
审计方式	根据自身经营管理的需要安排进行	接受委托进行
审计程序	根据所执行业务的目的和需要选择并实施	严格按照执业准则的规定进行
审计职责	只对本单位负责	不仅对被审计单位负责，而且对社会负责
审计质量的影响	基本与外界无直接关系	对广大财务信息使用者做出相关决策有直接影响
作用	只作为本单位改善工作的参考，对外不起鉴证作用，对外保密	对外公开并起鉴证作用

【例2·多选·长沙理工2017、北京工商2018&2023】按照不同的主体进行分类，审计可以分为（　　）。
　　A. 国家审计　　　　　　　　B. 内部审计
　　C. 经营审计　　　　　　　　D. 注册会计师审计
【解析】审计按审计主体可以分为政府审计、民间审计和内部审计。政府审计又称为国家审计，民间审计又称为社会审计、独立审计、注册会计师审计。
【答案】ABD

【例3·单选·黑龙江八一农垦】以下项目中不属于审计分类的是（　　）。
　　A. 政府审计　　B. 内部审计　　C. 独立审计　　D. 内部控制
【解析】审计按审计主体可以分为政府审计、民间审计和内部审计。政府审计又称为国家审计，民间审计又称为社会审计、独立审计、注册会计师审计。
【答案】D

【例4·单选·广东工业2016】下列各类审计中，独立性最强的是（　　）。
　　A. 社会审计　　B. 专项审计　　C. 内部审计　　D. 国家审计
【解析】社会审计既独立于审计委托者又独立于被审计单位（双向独立），而政府审计、内部审计，仅独立于被审计者（单向独立）。
【答案】A

【例5·面试·西安财经2023】政府审计独立性如何？审计署、审计厅这些国家机关由高到低的排序是怎样的？
【答案】在我国，政府审计机构隶属于国务院和各级人民政府领导，属于单向独立，仅独立于被审计单位，区别于注册会计师审计的双向独立，独立性较强，但低于注册会计师审计。国家审计机关由高到低顺序依次为审计署、审计厅、审计局、审计所。

◆ 考点 3 · 财政财务审计、财经法纪审计、经济效益审计与经济责任审计

审计类型	内容	目的
财政财务审计 （传统审计、常规审计）	检查会计处理、财务报表的合法性、公允性； 验证受托经济责任的履行情况	确定或解除被审计单位受托经济责任
财经法纪审计	严重违反财经法纪的行为	保护国家资产
经济效益审计 （管理审计/经营审计/绩效审计）	财政财务收支及经营管理活动的经济性和效益性	改善经营管理，提高经济效益和工作效率
经济责任审计 （独具中国特色）	领导干部任职期间应负的经济责任	评价经济责任履行情况

【例 6 · 判断 · 河北经贸 2019】审计按内容可以分为国家审计、注册会计师审计、内部审计。（　　）

【解析】审计按内容分为财政财务审计、财经法纪审计、经济效益审计（管理审计/经营审计/绩效审计）与经济责任审计。

【答案】×

◆ 考点 4 · 账表导向审计、系统导向审计、风险导向审计

方法	主要特点	存在不足
账项基础审计/ 账表导向审计	①重点是围绕会计凭证、会计账簿和财务报表的编制过程进行； ②目的是对账表上的数字进行详细核实，判断是否存在舞弊行为和技术上的错误	随着审计范围的扩展和组织规模的扩大，注册会计师开始采用审计抽样技术，但是由于注册会计师没有认识到内部控制有效性在审计中的作用，样本的选择带有很大的盲目性
制度基础审计/ 系统导向审计	①重点是以内部控制为基础的抽样审计，如果内部控制运行有效，则注册会计师对财务报表相关项目的审计只需抽取少量样本，反之，扩大对财务报表相关项目的审计范围； ②目的是合理保证审计质量的同时提高审计效率	仅以内部控制设计和运行情况决定对财务报表项目的实质性测试范围，没有考虑企业经营环境以及企业面临的经营风险给财务报表带来的错误风险（包括舞弊风险）以及对审计程序的影响

续表

方法	主要特点	存在不足
风险基础审计/风险导向审计	①重点是不仅考虑审计风险受固有风险的影响，同时也受内部控制风险因素的影响，还受注册会计师实施审计程序未能发现账户余额或各类交易存在错报风险的检查风险的影响；②目的是对财务报表重大错报风险的评估，并根据评估结果设计和实施恰当的审计程序，合理保证查出财务报表重大错报	—

◆ 考点5 · 全部审计、局部审计和专项审计

分类	内容
全部审计	又称全面审计，是指对被审计单位一定期间的财政财务收支和有关经济活动的各个方面及其资料进行全面的审计
局部审计	又称部分审计，是指对被审计单位一定期间的财务收支或经营管理活动的某些方面及其资料进行部分有目的有重点的审计，如对被审计单位进行的专项现金审计、银行存款审计、存货审计等
专项审计	又称专题审计，是指对某一特定项目所进行的审计。该种审计的范围是特定业务，针对性较强，如基建资金审计、支农扶贫专项资金审计、世界银行贷款项目审计等

第三节 审计的职能和作用

◆ 考点6 · 审计的职能

审计具有经济监督、经济评价、经济鉴证的基本职能。

1. 经济监督

经济监督指监察和督促被审计单位的全部经济活动或其某一特定方面在规定的标准以内，在正常的轨道上运行。经济监督是政府审计的基本职能。

2. 经济评价

经济评价又称为经济确认，指通过审核检查，确定被审计单位的计划、预算、决策、方案等是否可行，经济活动是否按照既定的决策和目标进行，经济效益的高低优劣，以及内部控制系统是否适当有效等，从而有针对性地提出意见和建议，促使其改善经营管理。

3. 经济鉴证

经济鉴证即鉴定和证明。通过对被审计单位的财务报表及经济资料所反映的财务收支和有关经济活动的合法性、公允性进行审核检查，确定其可信赖的程度，并作出证明性书面报告，以取得审计委托人或其他有关方面的信任。

【提示】不同的审计组织形式在审计职能上体现的侧重点各不同。政府审计侧重于经济监督，内部审计侧重于经济评价，民间审计侧重于经济鉴证。

◆ 考点 7 · 审计的作用

1. 制约性作用

1) 揭示错误和舞弊

审计通过审查取证可以揭示错误和舞弊，不仅可以纠正核算错误，提高会计工作质量，还可以揭露舞弊，保护财产安全，堵塞漏洞，防止损失。

2) 维护财经法纪

在审查取证、揭示各种违规违法行为的基础上，通过对过失人或犯罪嫌疑人的查处，提交司法、监察部门进行处理，有助于纠正或防止违法行为，维护财经法纪。

2. 促进性作用

1) 改善经营管理

通过审查取证、评价揭示经营管理中的问题和管理制度上的薄弱环节，提出改进建议，促进改善经营管理。

2) 提高经济效益

通过对被审计单位财务收支、内部控制及其有关经营管理活动效益性的审查，评价受托经济责任，总结经验，指出效益低下的环节，提出改进意见和建议，改进经营管理和内部控制工作，促进提高经济效益。

不同类型审计的作用

审计类型	作用
国家审计	①为宏观政策的制定提供决策依据； ②维护财经法纪，监督、保障和促进各项宏观调控政策的贯彻落实； ③追踪反馈宏观调控政策的运行效果

续表

审计类型	作用
社会审计	①提高财务信息的质量，维护良好的市场秩序，保证市场经济健康运行； ②促进企业完善内部控制，提高企业经营管理水平
内部审计	①促进组织合法经营和运行； ②促进组织完善内部控制和风险管理； ③促进组织自我发展和实现目标

第四节 注册会计师的业务类型与保证程度

◆ 考点8·注册会计师业务类型与保证程度

1. 注册会计师业务类型

注册会计师执行的业务分为鉴证业务和相关服务两类。鉴证业务包括审计、审阅和其他鉴证业务。相关服务包括代编财务信息、对财务信息执行商定程序、税务咨询和管理咨询等。

类型	内容
鉴证业务	①审计业务(合理保证)：财务报表审计、内部控制审计等； ②审阅业务(有限保证)：财务报表审阅； ③其他鉴证业务(合理保证、有限保证都有可能)：预测性财务信息审核、内部控制审核
相关服务	①代编财务信息； ②税务代理； ③对财务信息执行商定程序：仅报告执行的商定程序及其结果，不提出鉴证结论； ④税务咨询； ⑤管理咨询

【例7·单选·长沙理工2018】注册会计师从事的下列工作中，属于其他鉴证业务的是(　　)。

A. 预测性财务信息审核

B. 对公司的治理结构提出意见

C. 参与企业破产清算审计，出具清算审计报告

D. 审查企业内部控制制度，提出管理建议书

【解析】鉴证业务包括审计、审阅和其他鉴证业务。注册会计师执行历史财务信息审计或审阅以外的鉴证业务称为其他鉴证业务，常见的有内部控制审核和预测性财务信息审核。选项BD属于相关服务，选项C属于审计业务。

【答案】A

2. 保证程度

要点	合理保证 （高水平）	有限保证 （低于审计业务）
业务类型	财务报表审计	财务报表审阅
证据收集程序	检查、观察、询问、函证、重新计算、重新执行、分析程序等	询问和分析程序
所需证据数量	较多	较少
检查风险	较低	较高
财报可信性	较高	较低
提出结论方式	积极方式 我们认为，××公司财务报表在所有重大方面按照……规定编制了报表，公允反映了……	消极方式 我们没有注意到任何事项使我们相信，××公司财务报表没有按照……规定编制，未能在所有重大方面公允反映……

【例8·判断·东北石油】注册会计师执行的财务报表审计业务属于绝对保证业务。（　　）

【解析】注册会计师执行的财务报表审计业务属于合理保证业务。

【答案】×

第五节　审计基本要求及注册会计师的法律责任

◆ 考点9·审计基本要求

1. 遵守审计准则

审计准则是衡量注册会计师执行财务报表审计业务的权威性标准，涵盖从接受业务委托到出具审计报告的整个过程，注册会计师在执业过程中应当遵守审计准则的要求。

注册会计师在执行审计业务时，应当按照审计准则的要求审慎执业，保证执业质量，控制审计风险。否则，一旦出现审计失败，就有可能承担相应的责任。

【知识延伸】

> **审计准则与审计依据的区别**
>
> 审计依据是指对所查明的被审计单位的行为和事实做出判断的根据,是据以作出审计结论、提出审计意见的标准。
>
> 审计准则解决如何审计的问题,是审计人员行动的指南和规范;审计依据则解决审计人员根据什么标准去判别被审计单位的财务状况、经营成果和现金流量的合法或非法、公允或非公允,并据以作出审计结论、提出审计意见和建议。

2. 遵守职业道德准则（fundamental principles of professional ethics）

注册会计师受到与财务报表审计相关的职业道德要求（包括与独立性相关的要求）的约束。相关的职业道德要求通常是指中国注册会计师职业道德守则（以下简称职业道德守则）中与财务报表审计相关的规定。根据职业道德守则,注册会计师应当遵循的基本原则包括诚信（integrity）、独立性（independence）、客观公正（objectivity）、专业胜任能力和勤勉尽责（professional competence and due care）、保密（confidentiality）和良好职业行为（professional behavior）。

【例9·判断·贵州财经2023】审计师在任何情况下都不得泄露秘密。（　　）

【解析】保密原则要求注册会计师应当对职业活动中获知的涉密信息保密,但注册会计师在下列情况下可以披露涉密信息：

(1)法律法规允许披露,并取得客户或工作单位的授权;

(2)据法律法规的要求,为法律诉讼、仲裁准备文件或提供证据,以及向有关监管机构报告发现的违法行为;

(3)法律法规允许的情况下在法律诉讼、仲裁中维护自己的合法权益;

(4)接受注册会计师协会或监管机构的执业质量检查,答复其询问和调查;

(5)法律法规、执业准则和职业道德规范规定的其他情形。

【答案】×

3. 保持职业怀疑

职业怀疑是指注册会计师执行审计业务的一种态度,包括采取质疑的思维方式,对可能表明由舞弊或错误导致错报的情况 **保持警觉**,以及对审计证据进行 **审慎评价**。

它在本质上要求秉持一种质疑的理念,要求对引起疑虑的情形保持警觉,要求审慎评价审计证据,要求客观评价管理层和治理层。

4. 合理运用职业判断

职业判断是指在审计准则、财务报告编制基础和职业道德要求的框架下,注册会计师综合运用相关知识、技能和经验,做出适合审计业务具体情况、有根据的行动决策。

【例10·单选·武汉纺织大学2023】下列各项准则中,能够衡量注册会计师审计工作质量的权威性标准的是(　　)。

A. 注册会计师执业准则　　　　　　B. 质量管理准则
C. 职业道德准则　　　　　　　　　D. 职业后续教育准则

【解析】我国注册会计师执业准则包括中国注册会计师业务准则和会计师事务所质量管理准则，其中中国注册会计师业务准则又包括鉴证业务准则和相关服务准则。鉴证准则可以进一步细分为审计准则、审阅准则和其他鉴证业务准则，而相关服务准则包括商定程序、代编财务信息等方面的准则。

【答案】A

【例11·面试·南京师范2022】会计师事务所能否用常规的广告促销方式提高业务量？

【答案】会计师事务所不得用常规的广告促销方式提高业务量。注册会计师的职业道德要求之一良好职业行为，要求会计师事务所在向公众传递信息以及推介自己和工作时，应当客观、真实、得体，不得损害职业形象。

◆ 考点10 · 注册会计师的法律责任

1. 经营失败、审计失败与审计风险

经营失败	(被审计单位)由于经济或经营条件的变化而无法实现投资者的预期
审计失败	(注册会计师)由于没有遵守审计准则的要求而发表了不恰当的审计意见
审计风险	财务报表中存在重大错报，而注册会计师发表不恰当审计意见的可能性

2. 对注册会计师法律责任的认定

注册会计师的法律责任，是指注册会计师在执业时没有保持应有的职业谨慎，出现违约、过失或欺诈，从而导致对审计委托人、客户或其他有利益关系的第三人造成损害，按照相关法律规定而应承担的法律后果。

名词	解释
违约	合同的一方或多方未能履行合同条款规定的义务
过失	没有保持应有的职业谨慎(以其他合格注册会计师在相同条件下可以做到的谨慎为标准) ①普通过失/一般过失：注册会计师没有完全遵循职业准则的要求； ②重大过失：注册会计师根本没有遵循职业准则或没有按职业准则的基本要求执行审计
欺诈	以欺骗或坑害他人为目的的故意的错误行为。具有不良动机是欺诈的重要特征，也是欺诈与普通过失和重大过失的主要区别之一

【例 12·面试·安徽财经 2022】注册会计师对审计企业的应收账款审计有缺漏,注册会计师有什么过失,为什么?

【答案】注册会计师存在普通过失责任。注册会计师没有完全遵循职业准则的要求,在应收账款审计部分存在过失,因此承担普通过失责任。

3. 法律责任风险的防控

为了有效预防和控制相关的法律责任风险,审计机构和审计人员应该考虑并采取相应措施:

(1)严格遵守职业道德及职业规范。
(2)提供充分的职业培训和职业咨询。
(3)充分深入了解被审计单位的情况。
(4)严格约定业务内容,恪守审计准则。
(5)建立有效的质量管控制度,切实加强审计质量管理。
(6)聘请有关专家和法律顾问,购买专业机构的职业保险。

第六节 会计师事务所的组织形式

会计师事务所是注册会计师依法承办业务的组织。纵观注册会计师行业在各国的发展,会计师事务所主要有独资、普通合伙、有限责任公司、有限责任合伙等组织形式。我国会计师事务所只采用有限责任公司制和合伙制两种组织形式。

◆ 考点 11·我国会计师事务所的组织形式

组织形式	含义	优缺点
普通合伙会计师事务所	由两位或两位以上注册会计师组成的合伙组织,合伙人以各自的财产对会计师事务所的债务承担无限连带责任	风险牵制和共同利益促使会计师事务所强化专业发展,提高规避风险的能力;执业风险高,难以建立跨地区、跨国界的大型会计师事务所
有限责任公司会计师事务所	由注册会计师认购会计师事务所股份,并以其所认购股份对会计师事务所承担有限责任,会计师事务所以其全部资产对其债务承担有限责任	可以通过公司制形式迅速建立规模较大的会计师事务所;降低了风险责任对执业行为的高度制约,弱化了注册会计师的个人责任
特殊普通合伙会计师事务所	特殊普通合伙是指一个合伙人或者数个合伙人在执业活动中因故意或者重大过失造成合伙企业债务的,	专业服务机构合伙人免于承担过度风险,利于专业服务机构业务的发展和扩张;合伙人多种角色合一,不易

续表

组织形式	含义	优缺点
特殊普通合伙会计师事务所	应当承担无限责任或者无限连带责任，其他合伙人以其在合伙企业中的财产份额为限承担责任	发现自身的执业失误，不易建立现代公司治理结构

【例13·面试·南京师范2022】 会计师事务所的经营和其他公司是否有差别？

【答案】 会计师事务所是依法设立的承办注册会计师业务的机构，与一般意义上的公司相比，虽然都是法人实体，但却有本质的不同，主要表现在以下几个方面。

(1)公司是企业法人，是从事经营活动的营利性组织，以营利为目的；而会计师事务所属于市场中介组织，主要为社会公众从事审计鉴证服务，同时提供会计和管理咨询服务，会计师事务所不以营利为目的，不能为获得最大利润而违背行业规定。

(2)公司"资合性"强，以出资比例行使表决权；而会计师事务所"人合性"强，专业水平决定话语权。

(3)公司的股东是以出资款为限对公司的债务承担有限责任；而一般采用合伙制形式的会计师事务所的开办人或合伙人都要承担无限责任，注册会计师对利害关系人所造成的损失并不是以出资额为限进行赔偿，而是以自己的全部财产承担无限责任。

真题精练

一、单项选择题

1.(北京工商2023)审计起源于( )。
  A. 商业的发展　　　　　　　　B. 财产所有权与经营权的分离
  C. 会计的不断壮大　　　　　　D. 资本主义的萌芽

2.(广东工业2016)政府审计最基本的职能是( )。
  A. 经济监督　　B. 经济评价　　C. 经济鉴证　　D. 经济控制

3.(安徽工业大学2023)社会审计最基本的职能是( )。
  A. 经济监督　　B. 经济评价　　C. 经济鉴证　　D. 经济控制

4.(桂林电子科技大学2019)以下( )不是注册会计师职业道德守则的内容。
  A. 诚信　　　　　　　　　　　B. 客观公正
  C. 专业胜任能力　　　　　　　D. 发现财务舞弊

二、多项选择题

(央财2016)由于M公司破产，债权人将ABC会计师事务所告上法庭，因为事务所对M公司的财务报表出具了无保留意见审计报告，此时ABC会计师事务所可申诉的理由有( )。
  A. M公司隐瞒了亏损的真实情况

B. 审计报告已经真实地反映了M公司即将破产的财务状况
C. 会计师只负责对会计报表的合法性、公允性发表意见，不对被审计单位经营进行保证
D. M公司的内部控制不好

三、名词解释

1. (财科所2013、东北师范2016、西藏民族2020、上海大学2020、沈阳工业大学2021、吉林财经2021、西安外国语大学2021、新疆农业2021、新疆财经2022)审计
2. (贵州财经2017、东财2018、东北师范2016、西安石油2017、吉林财经2016&2017&2021、西京学院2021)审计独立性
3. (南京农业2018、西北政法2021、陕西理工2022)风险基础审计/风险导向型审计
4. (东南大学2014、广东工业2016&2018、吉林财经2017、广州大学2018)审计准则
5. (吉林财经2017、苏州大学2020)审计依据
6. (西安石油2017、黑龙江八一农垦2018&2019、吉林财经2021、上海大学2022、武汉纺织2022)政府审计
7. (沈阳化工2020)民间审计
8. (财科所2014、苏州大学2020、长江大学2022)内部审计
9. (财科所2013)鉴证业务
10. (中国地质大学(武汉)2021)审计失败

四、简答题

1. (云南大学2020、吉林财经2021)简述审计的起源。
2. (山东工商2022)审计产生的依据是什么？
3. (广西财经2020、新疆农业2021)简述审计的基本特征。
4. (中国石油大学(北京)2018、南审2018、北京印刷2020、西北政法2020、北京外国语2020、四川师范2021、吉林财经2021)简述审计独立性的内涵。
5. (湖南科技2020)什么是审计独立性？为什么审计独立性是审计理论的一块基石？
6. (西京学院2021&2022)如何保持审计独立性？
7. (江苏大学2020)审计独立性体现在哪些方面？
8. (云南大学2020、湖北民族2022)简述审计的灵魂。
9. (哈尔滨商业大学2021)对于审计来说最重要的特征(性质)是什么？
10. (山东财经2020)简述独立性的重要性。
11. (齐齐哈尔大学2015、南审2018、长沙理工2016、沈阳建筑2019、广西财经2020、沈阳化工2020、新疆农业2020&2021、湖北民族2022)简述审计的分类。
12. (东北林业大学2021)审计按其内容可以分为哪几类？并谈谈它们的作用。
13. (北工商2020)简述经济效益审计的内涵。
14. (云南大学2020&2022)简述绩效审计的内涵。
15. (东北师范2016&2017&2018&2019、广东技术师范2019、西京学院2021)简述审计按照主体分类的内容。
16. (南京审计2018)相比财务审计，经济责任审计有什么特点？

17. (长安大学 2021)专项审计有哪些?
18. (长安大学 2021)简述三大审计的关系。
19. (安徽财经 2022、渤海大学 2023)政府审计、民间审计、内部审计的区别是什么?
20. (西京学院 2022)国家审计、内部审计及注册会计师审计所依据的法律有何异同?
21. (齐齐哈尔大学 2017)简述注册会计师审计与内部审计的区别与联系。
22. (安徽财经 2022)内部审计与注册会计师审计相比有什么特点?
23. (广西财经、南审 2019、吉林财经 2021、安徽财经 2022、财科所 2022)简述注册会计师审计与政府审计的区别与联系。
24. (延安大学 2021)简述内部审计和外部审计的区别。
25. (长沙理工大学 2018)为什么"任何一种外部审计在对一个单位进行审计时,都要对其内部审计的情况进行了解并考虑是否利用其工作成果"?
26. (广东工业 2016)简述内部审计的作用。
27. (浙江工商 2021)请谈谈对内部审计的理解。
28. (沈阳化工 2020)简述审计按照范围分类的内容。
29. (广州大学 2017)按审计使用的技术和方法如何将审计进行分类?
30. (首经贸 2022)审计根据业务模式可以分为哪三种类型?
31. (江苏科技 2020)账项基础审计、风险导向审计、系统导向审计是什么?它们之间是并列关系还是迭代关系?
32. (中国传媒 2022)简述审计的演变、发展历程。
33. (新疆财经 2022)请判断风险导向审计是否受审计风险影响。
34. (吉林财经 2021)简述注册会计师审计的发展阶段。
35. (西北政法 2022)谈谈对审计查账论的看法。
36. (内蒙古财经大学 2021)简述审计的组织形式与分类。
37. (暨南大学 2021)注册会计师的业务范围有哪些?
38. (安徽财经 2015&2017、长沙理工 2016、西安科技 2020)简述注册会计师的业务类型。
39. (四川师范 2020)简述鉴证业务的类型及其特点。
40. (安徽财经 2017&2018&2022、湖南工商 2023)简述相关服务和鉴证业务的区别。
41. (安徽财经 2016&2017、浙江财经 2018)简述合理保证与有限保证的区别。
42. (东北师范 2018)简述审计与鉴证的区别。
43. (浙江财经 2021)什么是以积极方式和消极方式提出鉴证意见?请举例说明。
44. (北国会 2014、吉林财经 2017、南审 2017、西北政法 2021&2022、西安外国语 2021)简述审计的职能。
45. (河北经贸 2019)请判断正误并说明理由:审计的职能是审计本身固有的内在功能,包括经济监督职能、经济鉴证职能、经济评价职能。
46. (南审 2019、西安外国语大学 2021)简述政府审计的职能。
47. (浙江财经 2021)注册会计师的主要职能是什么?
48. (南京审计 2017)审计各职能间存在什么关系?

49. (吉林财经 2017、南审 2018、苏州大学 2020、西京学院 2021、西北政法 2021)简述审计的作用。
50. (内蒙古财经大学 2021)从宏观和微观角度谈谈审计的作用。
51. (北京物资学院 2021)注册会计师能够发挥的作用是什么？
52. (河南大学 2020、吉林财经 2021、安徽财经 2022、沈阳大学 2023、广东工业 2023)简述审计职业道德相关内容/注册会计师应当遵循哪些原则？
53. (华东师范大学 2020、财科所 2022)简述审计人员的职业素养/做好财务报表审计，注册会计师需要具备哪些能力和素质？
54. (佳木斯大学 2022、上海大学 2022)简述注册会计师的职业判断。
55. (南京审计 2018)简述注册会计师职业判断的内涵，并说明在哪方面需要重视。
56. (新疆财经 2020、北京工商大学 2021、北京交通 2021)什么是职业怀疑？请举例说明。
57. (东财 2018、华侨大学 2017)简述注册会计师的法律责任。
58. (西南财经 2020)简述注册会计师法律责任的类型。
59. (北国会 2014、新疆农业 2020&2021)注册会计师的法律责任是什么？谈谈对欺诈和重大过失的理解。
60. (浙江财经 2021)注册会计师法律责任成因有哪些？
61. (广东技术师范 2022)请说明在什么情况下注册会计师需要承担法律责任。
62. (财科所 2013)简述注册会计师的法律责任及其预防。
63. (财科所 2014、西京学院 2023)简述注册会计师避免法律诉讼的具体措施。
64. (北京工商大学 2021)什么是审计准则？和会计准则有什么联系？
65. (上海大学 2022)简述审计准则和会计准则的区别。
66. (南京师范 2022)简述审计准则和审计标准的区别。
67. (江西财经大学 2021)简述经营失败与审计失败的区别。
68. (西南财经 2021)简述经营失败、审计失败和审计风险之间的关系。
69. (河南财经政法 2022)简述审计失败与审计风险之间的区别与联系。
70. (浙江财经 2021)谈谈对审计失败，经营失败的理解。
71. (东北师范 2020)简述会计师事务所的组织形式。
72. (内蒙古财经大学 2021)说一说我国独特的审计组织形式。
73. (山西财经 2020、长安大学 2021)谈谈对审计的认识。

02 第二章
财务报表审计的核心概念

考情点拨

大白话解释本章内容

很多同学看到这章可能会有一个疑问:上一章不也是讲的审计的核心概念吗?为什么第二章还是核心概念?实际上,本章所讲的核心概念,是限定于审计的其中一种类别——注册会计师的财务报表审计业务。从第二章开始,我们所称的审计,如果不做特别说明,都指的是"财务报表审计"。

本章难度 ★★★
本章重要程度 ★★★

本章复习策略

本章也是超级重点,一~七节都是名词解释、简答题和面试中的高频考点,都需要背背背!而第八节则容易出案例分析题。本章难点主要在审计风险、审计程序相关的概念上,其他都是文字内容,比较容易理解。

考点精讲

第一节 财务报表审计的概念

◆ **考点 12 · 财务报表审计的概念**

财务报表审计(audit of financial statements)是注册会计师的传统核心业务。

财务报表审计是指注册会计师对财务报表是否<u>不存在重大错报</u>提供<u>合理保证</u>,以<u>积极</u>方式提出意见,增强除管理层之外的<u>预期使用者</u>对财务报表信赖的程度。上述定义可以从以下几个方面加以理解。

要点	理解
用户	财务报表预期使用者
目的	①增强预期使用者对财务报表的信赖程度； ②以合理保证的方式提高财务报表的可信度，但不涉及为如何利用信息提供建议
程度	①合理保证是一种高水平保证； ②是合理保证，而非绝对保证
基础	①独立性：双向独立，独立于被审计单位和预期使用者； ②专业性：专业胜任能力
产品	审计报告

第二节 审计五要素

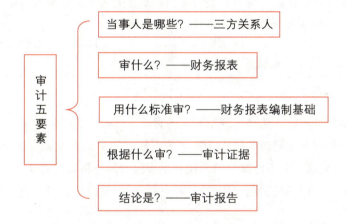

◆ 考点 13 · 审计业务的三方关系人

1. 审计业务的三方关系人

审计业务的三方关系人(当事人)是指注册会计师、被审计单位管理层(责任方)、财务报表预期使用者。预期使用者主要指与财务报表有重要和共同利益的主要利益相关者，通常包括股东、公司债权人、证券监管机构等。

某些时候管理层和预期使用者可能来自同一企业，但并不意味着两者就是同一方。管理层也会成为预期使用者之一，但并不是唯一的预期使用者。如果管理层是唯一的预期使用者，就不存在三方关系人了，只有两方关系人，不构成审计业务。

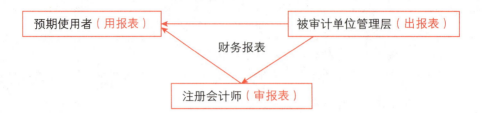

2. 注册会计师与管理层责任

注册会计师的责任	按照审计准则的规定对财务报表发表审计意见
管理层责任	注册会计师执行审计工作的前提是管理层和治理层认可并理解其承担以下三项责任： ①按适用的财务报告编制基础编制财务报表，并使其实现公允反映； ②设计、执行和维护必要的内部控制，以使财务报表不存在由于舞弊或错误导致的重大错报； ③向注册会计师提供必要的工作条件，包括： 允许注册会计师接触与编制财务报表相关的所有信息； 向注册会计师提供审计所需的其他信息； 允许注册会计师在获取审计证据时不受限制地接触其认为必要的内部人员和其他相关人员

【注意】

(1)财务报表审计并不减轻管理层或治理层的责任。(编制之责 vs 审计之责)。

(2)管理层或治理层对编制财务报表承担完全责任。如果财务报表存在重大错报，而注册会计师通过审计没有发现，并不能减轻管理层和治理层对财务报表的责任。

(3)注册会计师不对财务报表的编制或被审计单位的相关内部控制承担责任。

【例1·单选·长沙理工2018&2016】应当对财务报表的可靠性承担最终责任的是(　　)。

A. 注册会计师　　　　　　　　　B. 被审计单位的会计人员

C. 财务报表使用者　　　　　　　D. 被审计单位管理层

【解析】注册会计师只是财务报表的审计人，而非财务报表的编制人，选项A不正确；会计人员只是执行者，管理层才是决策者，选项B不正确；财务报表使用者利用财务报表做出决策，不对其承担责任，选项C不正确。

【答案】D

【例2·面试·安徽工业2020】注册会计师在审计中缺乏独立性，造成财务报表存在偷税漏税行为，你同意这一说法吗？

【答案】不同意。管理层或治理层对编制财务报表承担完全责任。如果财务报表存在重大错报，而注册会计师通过审计没有发现，并不能减轻管理层和治理层对财务报表的责任。因此，只能说注册会计师没有发现财务报表存在偷税漏税行为，可能因此承担法律责任，但不能说是注册会计师造成财务报表存在偷税漏税行为。

◆ 考点 14 · 财务报表与财务报表编制基础

1. 财务报表

(1)在财务报表审计中，审计对象是历史的财务状况、经营成果(财务业绩)和现金流量。
(2)审计对象的载体(审计对象信息)是财务报表(包括相关披露)。

2. 财务报表编制基础

注册会计师在运用职业判断对审计对象作出合理一致的评价或计量时，需要有适当的标准。在财务报表审计中，财务报告编制基础即为标准。

【例3·单选·长沙理工2016&2018】在注册会计师对被审计单位财务报表进行审计的过程中，下列要素属于鉴证对象的是(   )。
A. 被审计单位所遵循的企业会计准则
B. 被审计单位的财务状况、经营成果和现金流量
C. 被审计单位管理层
D. 被审计单位编制的财务报表
【解析】在财务报表审计中，审计对象是历史的财务状况、经营成果(财务业绩)和现金流量。
【答案】B

第三节 审计目标

审计目标是指监督、确认和鉴证审计对象所要达到的目的和要求，它是指导审计工作的指南。财务报表审计的目标可分为审计的总体目标和具体审计目标。

◆ 考点 15 · 总体目标

审计的总体目标是指注册会计师为完成整体审计工作而达到的预期目的。在执行财务报表审计工作时，注册会计师的总体目标如下。

关键词	内容
"发表审计意见"	对财务报表整体是否不存在由于舞弊或错误导致的重大错报获取合理保证，使注册会计师能够对财务报表是否在所有重大方面按照适用的财务报告编制基础编制发表审计意见

续表

关键词	内容
"出具审计报告"	按照审计准则的规定，根据审计结果对财务报表出具审计报告，并与管理层和治理层沟通

◆ 考点 16 · 具体审计目标和认定

具体审计目标是指注册会计师通过实施审计程序以确定管理层在财务报表中确认的各类交易、账户余额、披露层次认定是否恰当。

认定（assertions）是指管理层在财务报表中作出的明确或隐含的表达，注册会计师将其用于考虑可能发生的不同类型的潜在错报。

1. 期末账户余额及相关披露的认定（资产负债表及其附注）

认定名称	含义	定性	定量	举例
存在 （existence）	记录的资产、负债和所有者权益是存在的	真实的	没高估	资产负债表记录的固定资产500万元，是否真的存在？是否多记？
权利和义务 （rights and obligations）	记录的资产由被审计单位拥有或控制，记录的负债是被审计单位应当履行的偿还义务	自己的	—	账上500万元固定资产，都是属于本公司的吗？有没有寄存？有没有被担保、抵押？
完整性 （completeness）	应当记录的资产、负债和所有者权益均已记录，应当包括在财务报表中的相关披露均已包括	没隐瞒、没遗漏	没低估	资产负债表记录的500万负债，是否存在漏记？
准确性、计价和分摊 （valuation）	资产、负债和所有者权益以恰当的金额包括在财务报表中，与之相关的计价或分摊调整已恰当记录、相关披露已得到恰当计量和描述	资产没减值	没高估/没低估	资产负债表记录的固定资产500万元，期末减值是不是准确的？计价有没有错误？
分类 （classification）	资产、负债和所有者权益已记录于恰当的账户	没记错账户	没高估/没低估	资产负债表记录的投资性房地产500万元，是不是都是应当记入此科目的资产？

续表

认定名称	含义	定性	定量	举例
列报（disclosure and presentation）	资产、负债和所有者权益已被恰当地汇总或分解且表述清楚，相关披露在适用的财务报告编制基础下是相关的、可理解的	正确、可理解	—	资产负债表中的"其他应收款"的列示是否包括了所有应当包括的项目？是否根据"其他应收款""应收利息""应收股利"科目余额计算填列？

2. 各类交易、事项及相关披露的认定（利润表及其附注）

认定名称	含义	定性	定量	举例
发生（occurrence）	记录或披露的交易和事项已发生，且与被审计单位有关	真实的、没虚构	没高估	利润表中记录的营业收入500万元，是否真的发生？
截止（cut-off）	交易和事项已记录于正确的会计期间	没跨期	没高估/没低估	利润表中记录的营业收入500万元，是否发生提前或延后确认的情况？
完整性（completeness）	所有应当记录的交易和事项均已记录，应当包括在财报中的相关披露均已包括	没隐瞒、没遗漏	没低估	利润表中记录的营业收入500万元，是否完整包含了当年所有的营业收入？
准确性（accuracy）	与交易和事项有关的金额及其他数据已恰当记录，相关披露已得到恰当计量和描述	金额准确	没高估/没低估	利润表中记录的资产减值损失500万元，是否记录准确？
分类（classification）	已记录于恰当的账户	没记错账户	—	利润表中记录的营业收入500万元，是否将"营业外收入"记入？
列报（disclosure and presentation）	已被恰当地汇总或分解且表述清楚，相关披露在适用的财务报告编制基础下是相关的、可理解的	正确、可理解	—	编制利润表时，是否对基本每股收益和稀释每股收益进行单独列示？

【例4·判断·东北石油】与期末账户余额相关的认定包括发生、完整性、准确性、截止和分类。（ ）

【解析】发生和截止是与各类交易、事项及相关披露相关的认定。

【答案】×

【例5·单选·央财2016】注册会计师应当确认被审计单位的资产是否均按历史成本入账，这是为了证实资产的（ ）认定。

A. 存在或发生　　B. 完整性　　C. 计价与分摊　　D. 表达与披露

【解析】准确性、计价和分摊认定是指以恰当金额包括在财务报表中，与之相关的计价或分摊调整已恰当记录，相关披露已得到恰当计量和描述。

【答案】C

【例6·单选·东北石油】对于下列存货认定，通过向审计单位生产和销售人员询问是否存在过时或周转慢的存货，注册会计师认为最可能证实的是（ ）。

A. 存在　　B. 权利和义务　　C. 计价和分摊　　D. 完整性

【解析】存货的状况是被审计单位管理层对存货计价认定的一部分，除了对存货的状况予以特别关注以外，注册会计师还应当把所有毁损、陈旧、过时及残次存货的详细情况记录下来，这既便于进一步追查这些存货的处置情况，也能为测试被审计单位存货跌价准备计提的准确性提供证据。凡涉及客户经营不善、存货周转缓慢、生产线更新淘汰，都往往与坏账准备、减值准备相关，涉及计价与分摊认定。

【答案】C

【例7·案例·东北财经2018、山东大学2018、浙江工商2018、广东技术师范2020改编】针对下列第①至⑤项，假定不考虑其他条件，指出相关事项影响财务报表项目的哪项认定。

事项	认定名称
①甲公司向关联方销售货物，信用期为1年，远超行业标准；注册会计师留意到甲公司未真实发货即确认了营业收入	
②乙公司是玩具生产企业，某批次电动小汽车因存在安全隐患被监管机构要求停售排查，注册会计师留意到乙公司尚未对此进行任何会计处理	
③丙公司采购了一批货物，资产负债表日已签收，但尚未收到发票、款项也未支付，注册会计师留意到丙公司在次年年初收到发票后，在账面确认了存货和应付账款的金额	
④丁公司研发一项新型专利，目前处于研究阶段，注册会计师留意到丁公司将相关支出均确认为无形资产	
⑤戊公司使用母公司的注册商标生产商品，母公司在本期无条件豁免了本应支付的商标使用费，注册会计师留意到戊公司将豁免的金额计入营业外收入	

【答案】
①应收账款"存在"认定；营业收入"发生"认定
②存货"准确性、计价和分摊"认定；资产减值损失"完整性"认定
③存货"完整性"认定；应付账款"完整性"认定
④无形资产"存在"认定；研发费用"完整性"认定
⑤资本公积"完整性"认定；营业外收入"发生"认定

3. 认定、具体审计目标和审计程序的关系

认定是确定具体审计目标的基础。注册会计师通常将认定转化为能够通过审计程序予以实现的审计目标。针对财务报表每一项目所表现出的各项认定，注册会计师相应地确定一项或多项审计目标，然后通过执行一系列审计程序获取充分、适当的审计证据以实现审计目标。

第四节 审计风险

审计风险(audit risk)指财务报表存在重大错报时，注册会计师发表不恰当审计意见的可能性。审计风险取决于重大错报风险和检查风险。

◆ 考点 17 · 重大错报风险

重大错报风险(risk of material misstatement)是指财务报表在审计前存在重大错报的可能性。重大错报风险包含财务报表层次和认定层次。

【注意】
(1)重大错报风险与被审计单位的风险相关，且独立于财务报表审计而存在。
(2)重大错报风险客观存在，相当于一个常量，不能由注册会计师人为升高、降低、控制。只能"评估"，不能改变。

1. 财务报表层次的重大错报风险
(1)指与财务报表整体存在广泛联系的重大错报风险。
(2)通常与控制环境有关，也可能和其他因素有关，如经济萧条。
(3)难以界定于某类具体认定，通常影响不同的多项认定。
(4)增大了认定层次发生重大错报的可能性，与注册会计师考虑由舞弊引起的风险尤其相关。

2. 认定层次的重大错报风险
(1)指与某类交易、事项，期末账户余额或财务报表披露相关的重大错报风险。
(2)认定层次的重大错报风险又可以进一步细分为固有风险和控制风险。

要点	固有风险(inherent risk)	控制风险(control risk)
定义	指在不考虑控制的情况下，某一认定易于发生错报的可能性	指某一认定发生错报，该错报单独或连同其他错报是重大的，但没有被内部控制及时防止或发现并纠正的可能性
重点	①与内部控制无关，可能是账户交易、账户余额和披露自身决定(如受重大计量不确定性影响的会计估计，复杂的计算等)，也可能是外部因素导致(如技术进步导致存货易于发生高估错报)； ②某些因素可能同时影响多个认定的固有风险(如流动资金匮乏)	①控制风险取决于与财务报表相关的内部控制的设计和运行的有效性； ②由于控制的固有局限性，控制风险始终存在
联系	既可以对两者单独评估，也可以合并评估	

◆ **考点 18 · 检查风险**

1. 含义

检查风险(detection risk)是指如果存在某一错报，该错报单独或连同其他错报可能是重大的，注册会计师为将审计风险降至可接受的低水平而实施程序后没有发现这种错报的风险。

2. 理解要点

要点	具体内容
检查风险受什么影响	检查风险取决于审计程序设计的合理性和执行的有效性(取决于注册会计师的"主观能动性")
如何降低检查风险	①适当计划审计工作； ②在项目组成员之间进行恰当的职责分配； ③保持职业怀疑的态度； ④监督、指导和复核项目组成员执行的工作 【注意】既然检查风险可以降低，那么审计风险也可以降低
检查风险能降为零吗	由于注册会计师通常不对所有交易、账户余额和披露进行检查以及其他原因，检查风险不可能降低为零

【例8·多选·央财2017】下列各种做法中，能够降低检查风险的有(　　)。
A. 恰当设计审计程序的性质、时间安排和范围
B. 限制审计报告用途
C. 审慎评价审计证据

D. 加强对已执行审计工作的监督和复核

【解析】检查风险取决于审计程序设计的合理性和执行的有效性，与限制审计报告用途之间没有关系。

【答案】ACD

◆ 考点 19·审计风险模型——重大错报风险与检查风险的关系

1. 重大错报风险与检查风险的关系

在**既定的审计风险水平**下，注册会计师针对某一认定确定的可接受检查风险水平与注册会计师对**认定层次**重大错报风险的评估结果呈**反向**关系。

审计风险模型：审计风险＝重大错报风险×检查风险

假设针对某一认定，注册会计师将可接受的审计风险水平设定为 5％，注册会计师实施风险评估程序后将重大错报风险评估为 25％，则根据这一模型，可接受的检查风险为 20％。

【注意】检查风险的高低与具体审计程序直接相关，而具体审计程序只能应对认定层次的重大错报风险。对于财务报表层次的重大错报风险，注册会计师需要采用总体应对措施加以应对。因此，审计风险模型所述的概念和逻辑主要针对的是认定层次的重大错报风险。

2. 意义

在实务中评估的重大错报风险越高，可接受的检查风险越低。注册会计师应当合理设计审计程序的性质、时间安排和范围，并有效执行审计程序，以控制检查风险。

3. 审计风险内容总结

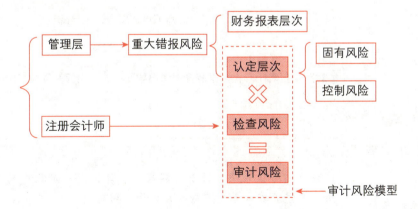

【例9·单选】下列关于重大错报风险的说法中，错误的是（　　）。

A. 重大错报风险是指如果存在某一错报，该错报单独或连同其他错报可能是重大的，注册会计师为将审计风险降至可接受的低水平而实施程序后没有发现这种错报的风险

B. 重大错报风险包括财务报表层次和各类交易、账户余额及列报和披露认定层次的重大错报风险

C. 财务报表层次的重大错报风险可能影响多项认定，此类风险通常与控制环境有关，但也可能与其他因素有关

D. 认定层次的重大错报风险可以进一步细分为固有风险和控制风险

【解析】选项 A 属于"检查风险"的含义，即检查风险是指如果存在某一错报，该错报单独或连同其他错报可能是重大的，注册会计师为将审计风险降至可接受的低水平而实施程序后没有发现这种错报的风险。重大错报风险是客观存在的，即使不执行任何审计程序都存在于财务报表中。请大家注意区分检查风险和重大错报风险的定义，这是历年考试中的高频考点。

【答案】A

【例10·单选】某注册会计师确定被审计单位的审计风险为5%，将财务报表某项目的固有风险和控制风险分别评估为60%和40%，则该项目的可接受检查风险为（　　）。

A. 15.2%　　　　B. 30.9%　　　　C. 20.8%　　　　D. 61.8%

【解析】认定层次的重大错报风险＝固有风险×控制风险＝60%×40%＝24%

可接受的检查风险＝审计风险/认定层次的重大错报风险＝5%/24%＝20.8%

【答案】C

◆ 考点 20 · 审计的固有限制

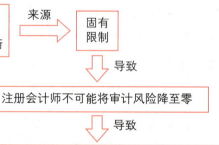

1. 产生原因

固有限制的来源	解释
财务报告的性质	①许多财务报表项目涉及主观决策、评估或一定程度的不确定性，并且可能存在一系列可接受的解释或判断； ②某些金额本身就存在一定的变动幅度，这种变动幅度不能通过实施追加的审计程序来消除，如某些会计估计
审计程序的性质	①管理层或其他人员可能有意或无意地不提供与财务报表编制相关的或注册会计师要求的全部信息； ②舞弊可能涉及精心策划和蓄意实施以进行隐瞒，注册会计师不应被期望成为鉴定文件真伪的专家；

续表

固有限制的来源	解释
审计程序的性质	③审计不是对涉嫌违法行为的官方调查,没有被授予特定的法律权力(如搜查权),而这种权力对调查是必要的
财务报告的及时性和成本效益的权衡	注册会计师在合理时间内以合理成本对财务报表形成审计意见 【提示】注册会计师在信息的可靠性和成本之间进行权衡是被允许的,但是审计中的困难、时间或成本等事项本身,不能作为注册会计师省略不可替代的审计程序或满足于说服力不足的审计证据的正当理由

2. 固有限制对审计的影响

由于审计存在固有限制,导致:

(1)注册会计师不能对财务报表不存在由于舞弊或错误导致的重大错报获取绝对保证;

(2)大多数审计证据是说服性而非结论性的;

(3)完成审计后发现由于舞弊或错误导致的财务报表重大错报,其本身并不表明注册会计师没有按照审计准则的规定执行审计工作。

【注意】

(1)审计的固有限制并不能作为注册会计师满足于说服力不足的审计证据的理由。

(2)审计收费水平过低、注册会计师胜任能力不足、注册会计师职业判断有误等情况,均不属于审计固有限制的来源。

第五节 审计过程

◆ 考点21·审计过程

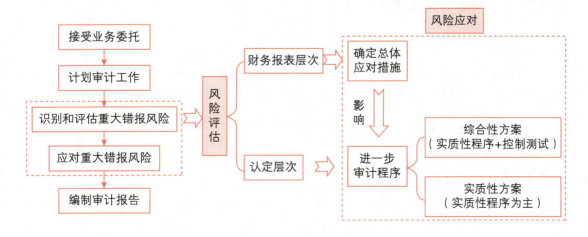

风险导向审计模式要求注册会计师在审计过程中，以重大错报风险的识别、评估和应对作为工作主线。相应地，审计过程大致可分为以下几个阶段。

1. 接受业务委托
会计师事务所应当按照审计准则等职业准则的相关规定，谨慎决策是否接受或保持某客户关系和具体审计业务，以切实履行执业责任和防范职业风险。

2. 计划审计工作
对于任何一项审计业务，注册会计师在执行具体审计程序之前，都必须根据具体情况制定科学、合理的计划，使审计业务以有效的方式得到执行。

3. 识别和评估重大错报风险
审计准则规定，注册会计师必须实施风险评估程序，以此作为评估财务报表层次和认定层次重大错报风险的基础。风险评估程序是指注册会计师为了解被审计单位及其环境等方面，以识别和评估财务报表层次和认定层次的重大错报风险而实施的审计程序。

4. 应对重大错报风险
注册会计师在评估财务报表重大错报风险后，应当运用职业判断，针对评估的财务报表层次重大错报风险确定总体应对措施，并针对评估的认定层次重大错报风险设计和实施进一步审计程序，以将审计风险降至可接受的低水平。

5. 编制审计报告
注册会计师在完成进一步审计程序后，还应当按照有关审计准则的规定做好审计完成阶段的工作，并根据所获取的审计证据，合理运用职业判断，形成适当的审计意见及编制审计报告。

第六节 审计证据

◆ 考点 22 · 审计证据的含义和分类

1. 含义
审计证据（audit evidence）是指注册会计师为了得出审计结论、形成审计意见而使用的所有信息。其包括构成财务报表基础的会计记录所含有的信息和其他的信息，二者缺一不可。

会计信息	①原始凭证、记账凭证、总分类账、明细账、对财务报表的其他调整、手工计算表和电子数据表； ②既包括内部生成的，也包括外部收到的，如从与被审计单位进行交易的其他企业收到的凭证； ③几大循环中涉及的资料如销售发运单、顾客对账单、汇款通知单、订购单、考勤卡和公示记录、合同记录、银行对账单、分类账账户调节表等

续表

其他的信息	①被审计单位内部或外部获取的会计记录以外的信息，如会议记录、内部控制手册、询证函回函、分析师报告、与竞争者的比较数据等；②通过询问、观察和检查等审计程序获取的信息；③自身编制或获取的可以通过合理推断得出结论的信息，如注册会计师编制的各种计算表、分析表等

【提示】以下几类也属于审计证据。

(1) 以前审计中获取的信息。
(2) 接受与保持客户或业务时实施质量控制程序获取的信息。
(3) 被审计单位雇用或聘请的专家编制的信息。
(4) 既包括支持和佐证管理层认定的信息，也包括与这些认定相矛盾的信息。
(5) 某些情况下，信息的缺乏(如管理层拒绝提供要求的书面声明)本身也构成审计证据。

2. 分类

◆ 考点 23 · 审计证据的性质

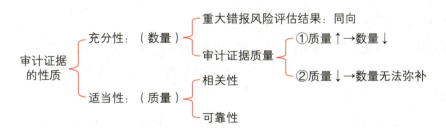

1. 充分性

1)定义

审计证据的充分性是指对审计证据**数量**的衡量,主要与注册会计师确定的**样本量**有关。

2)影响因素

(1)重大错报风险评估结果:评估的重大错报风险越高,需要的审计证据可能越多。

(2)审计证据质量:审计证据质量越高,需要的审计证据可能越少(**审计证据的适当性会影响审计证据的充分性**)。

【注意】审计证据的质量存在缺陷,仅靠获取更多的审计证据可能无法弥补其质量上的缺陷。

【例11·案例·山东财经2017改编】某注册会计师在评价被审计单位的审计风险时,分别假定了ABCD四种情况。

审计风险评价

风险类别	情况 A	情况 B	情况 C	情况 D
可接受的审计风险/‰	1	2	3	4
重大错报风险/‰	60	50	80	70

请计算回答以下问题:

(1)上述四种情况下,可接受的检查风险水平分别是多少?

(2)哪种情况下注册会计师需要获取最多的审计证据?

【答案】

(1)情况A可接受的检查风险水平=1‰÷60‰=1.67‰

情况B可接受的检查风险水平=2‰÷50‰=4‰

情况C可接受的检查风险水平=3‰÷80‰=3.75‰

情况D可接受的检查风险水平=4‰÷70‰=5.71‰

(2)A情况需要获取最多的审计证据。可接受的检查风险水平越低,所需要的审计证据越多。

2. 适当性

审计证据的适当性,是对审计证据**质量**的衡量,即审计证据在支持审计意见所依据的结论方面具有的**相关性**和**可靠性**。只有**相关且可靠**的审计证据才是高质量的。

1)相关性

指用作审计证据的信息与审计程序的目的和所考虑的相关认定之间的**逻辑联系**。判断审计证据的相关性时应考虑以下内容。

(1)用作审计的信息的相关性可能受测试方向的影响。

要点	顺查法(凭证/实物→账簿)	逆查法(账簿→凭证/实物)
概念	按照会计核算的处理顺序，依次对证、账、表各个环节进行检查核对的一种方法	按照会计核算相反的处理顺序，依次对表、账、证各个环节进行检查核对的一种方法
理解	凭证/实物 → 账簿——是否漏记？——低估/完整性认定	账簿 → 凭证/实物——是否真实存在/发生？——高估/存在或发生认定
优点	系统、全面，可以避免遗漏	便于抓住问题的实质，还可以节省人力和时间
缺点	面面俱到，不能突出重点，工作量太大，耗费人力和时间	不能全面地审查问题，易有遗漏

(2)特定程序可能只为某些认定提供相关的审计证据，而与其他认定无关。

(3)有关某一特定认定的审计证据，不能替代与其他认定相关的审计证据。

(4)不同来源或不同性质的审计证据可能与同一认定相关。

【例12·单选·东北石油】在对资产存在认定获取审计证据时，正确的测试方向是(　　)。

A. 从财务报表到尚未记录的项目

B. 从尚未记录的项目到财务报表

C. 从会计记录到支持性证据

D. 从支持性证据到会计记录

【解析】要获取资产存在认定的审计证据，注册会计师实施细节测试的方向是"逆查"，即从"账簿记录"追查到"原始凭证"。

【答案】C

2)可靠性

审计证据的可靠性指证据的可信程度，它受其来源和性质的影响，并取决于获取审计证据的具体环境。注册会计师在判断审计证据的可靠性时，通常会考虑以下原则。

可靠性高低	举例/说明
外部独立来源获取＞其他来源(如被审计单位内部)	函证的收发由事务所亲自控制＞被审计单位经手
内控有效＞内控薄弱	内控有效时生成的审计证据更可靠
直接获取＞间接获取或推论得出	观察内控的运行＞询问内控的运行
文件、记录(纸质、电子介质)形式＞口头形式	会议的书面记录＞事后的口头表述 【注意】①口头证据本身并不足以证明事实真相，往往需要得到其他相应证据的支持； ②纸质版和电子版记录之间的可靠性没有必然的高低关系

可靠性高低	举例/说明
原件＞传真件或复印件	注册会计师可审查原件是否有被涂改或伪造的迹象，排除伪证，提高证据的可信赖程度；而传真件或复印件容易是伪造篡改或伪造的结果，可靠性较低。 【注意】传真件、复印件之间的可靠性没有必然的高低关系
亲自获取＞被审计单位提供	注册会计师亲自检查存货＞被审计单位提供存货数据
被审计单位/部门之外流转＞被审计单位/部门内部流转	①销货发票副本＞产品出库单； ②工资发放单＞工资计算单

【注意】

(1)审计工作通常<u>不涉及鉴定文件记录的真伪</u>，注册会计师也不是鉴定文件记录真伪的专家；但如果在审计过程中识别出的情况可能使其认为文件记录可能是伪造的，注册会计师应当做出进一步调查，包括直接向第三方询证，或考虑利用专家的工作以评价文件记录的真伪。

(2)针对某项认定从不同来源获取的审计证据或获取的不同性质的审计证据能够相互印证，与该项认定相关的审计证据则具有更强的说服力；如果从不同来源获取的审计证据或获取的不同性质的审计证据不一致，表明某项审计证据可能不可靠，注册会计师应当追加必要的审计程序。

【例13·案例·北国会2014、安徽财经2016】A注册会计师在对F公司2012年度财务报表进行审计时，收集到以下六组审计证据：

(1)收料单与购货发票；
(2)销货发票副本与产品出库单；
(3)领料单与材料成本计算表；
(4)工资计算单与工资发放单；
(5)存货盘点表与存货监盘记录；
(6)银行询证函回函与银行对账单。

要求：请分别说明每组审计证据中哪项审计证据较为可靠，并简要说明理由。

【答案】(1)购货发票较为可靠。购货发票是从被审计单位以外的单位获取的，属于外部证据，比被审计单位提供的收料单更可靠。

(2)销货发票副本较为可靠。销货发票副本属于在被审计单位外部流转的证据，比仅在被审计单位内部流转的产品出库单更可靠。

(3)领料单较为可靠。材料成本计算表所依据的原始凭证是领料单，因此，领料单比材料成本计算表更可靠；或领料单在不同部门间传递，而材料成本计算表只在会计部门流转。

(4)工资发放单较为可靠。工资发放单上有受领人的签字，所以，工资发放单较工资计算单更可靠。

(5)存货监盘记录较为可靠。存货盘点表是被审计单位对存货盘点的记录,而存货监盘记录是注册会计师实施存货监盘程序的记录,后者是注册会计师亲自参与,故存货监盘记录较存货盘点表更可靠。

(6)银行询证函回函较为可靠。注册会计师直接获取的银行存款函证回函较被审计单位提供的银行对账单更可靠。

【例14·单选·东北石油】审计证据有相关性和适当性两大特征,以下对审计证据特征的理解恰当的是( )。

A. 多获取证据,可以增进审计证据的适当性
B. 审计证据质量存在缺陷,不能依据审计证据数量弥补其缺陷
C. 审计证据越适当,需要的证据数量越多
D. 如果审计证据质量不高,则需要更多数量的证据

【解析】审计证据的质量存在缺陷,仅靠获取更多的审计证据可能无法弥补,选项A、D不正确。审计证据越适当说明审计证据的质量越高,则所需审计证据数量越少,选项C不正确。

【答案】B

【例15·单选·长沙理工2018】在下列各类审计证据中,证明力最强的是( )。

A. 被审计单位提供的销售发票
B. 应收账款函证的回函
C. 被审计单位自己编制的现金盘点表
D. 被审计单位提供的经第三方确认的应收账款对账单

【解析】应收账款函证的回函已获得第三方认可,证明力最强;选项AC都是内部证据,证明力不及选项B;选项D经由被审计单位之手,证明力不及选项B。

【答案】B

3. 充分性和适当性之间的关系

(1)充分性和适当性是审计证据的两个重要特征,两者缺一不可,只有充分且适当的审计证据才是有证明力的。

(2)审计证据的数量受审计证据质量的影响,审计证据质量越高,需要的审计证据数量可能越少。但审计证据的质量却不受审计证据数量的影响,如果审计证据的质量存在缺陷,那么注册会计师仅靠获取更多的审计证据也可能无法弥补其质量上的缺陷。

◆考点24·审计证据的鉴定

审计人员采取一定方法取得审计证据以后,接下来的工作是如何根据审计目标选择适当的审计证据,也就是要对审计证据的强弱作出鉴定。衡量审计证据强弱的标准如下。

1. 审计证据的真实性

审计证据的真实性，主要是指审计证据所反映的内容是对客观存在的经济活动及其变化的真实描写。

2. 审计证据的重要性

审计证据的重要性与该审计证据影响审计结论的程度有关。区分审计证据的重要性程度往往以价值（金额的大小）作为评价的依据。除价值因素之外，还应考虑审计证据本身的质量问题。鉴定审计证据是否重要的最高原则须视审计事项是否足以影响被审计单位财务报表使用者的判断而定。

3. 审计证据的经济性

指为了支持审计结论，审计人员应该取得足够具有说服力的审计证据。但审计人员不得不考虑审计证据的**效用**与收集、鉴定这些审计证据的**成本**之间的关系。但注册会计师不应以获取证据的困难和成本为由减少不可替代的审计程序。

第七节　审计程序

注册会计师面临的主要决策之一，就是通过实施审计程序，获取充分、适当的审计证据，以满足对财务报表发表意见。

◆ 考点 25 · 审计程序的种类

审计程序包括检查、观察、询问、函证、重新计算、重新执行、分析程序七种。在审计过程中，注册会计师可根据需要**单独或综合运用**以上七种审计程序，以获取充分、适当的审计证据。

种类	定义
检查（inspection）	注册会计师对被审计单位内部或外部生成的，以纸质、电子或其他介质形式存在的**记录和文件**进行审查，或对**资产**进行实物审查 【注意】①可靠性取决于记录或文件的性质和来源；对于内部记录或文件，则取决于相关内控的有效性； ②可能只能为某些认定提供相关的审计证据，而与其他认定无关
观察（observation）	注册会计师查看相关人员正在从事的活动或实施的程序 【注意】①观察所提供的审计证据仅限于观察发生的时点； ②被观察人员的行为可能因被观察而受影响
询问（inquiry）	注册会计师以**书面或口头方式**，向被审计单位**内部或外部**的知情人员获取**财务**信息和**非财务**信息，并**对答复进行评价**的过程

续表

种类	定义
询问（inquiry）	【注意】询问可能本身不足以提供充分、适当的审计证据；通常作为其他审计证据的补充
函证（confirmation）	是指注册会计师直接从第三方（被询证者）获取书面答复以作为审计证据的过程，书面答复可以采用纸质、电子或其他介质等形式。函证的对象不仅局限于账户余额，还包括协议和交易条款，以及用于获取不存在某些情况的审计证据
重新计算（recalculation）	注册会计师通过手工或电子方式，对记录或文件中的数据计算的准确性进行核对
重新执行（reperformance）	注册会计师独立执行原本作为被审计单位内部控制组成部分的程序或控制
分析程序（analytical procedure）	指注册会计师通过分析不同财务数据之间以及财务数据与非财务数据之间的内在关系，对财务信息作出评价 【注意】分析程序还包括在必要时对识别出的、与其他相关信息不一致或与预期值差异重大的波动或关系进行调查

◆ 考点 26 · 函证的内容

1. 函证的对象

1) 应当函证的情形

函证对象	银行存款	应收账款
豁免情形	有充分证据表明某一银行存款、借款及与金融机构往来的其他重要信息对财务报表不重要且与之相关的重大错报风险很低	有充分证据表明应收账款对财务报表不重要或函证很可能无效
豁免后要求	记录：如果不实施函证，应当在审计工作底稿中说明理由	①记录：如果不函证，应在审计工作底稿中说明理由； ②替代：如果认为函证很可能无效，应当实施替代审计程序，获取相关、可靠的审计证据

2) 可以函证的情形

(1) 涉及第三方的资产：交易性金融资产；由其他单位代为保管、加工或销售的存货；长期股权投资；

(2) 往来账户：应收票据、其他应收款、预付账款、应付账款、预收账款；

(3)特殊事项：保证、抵押或质押、或有事项、重大或异常的交易。

2. 函证程序实施的范围

如果采用审计抽样的方式确定函证的范围，无论采用统计抽样方法，还是非统计抽样方法，选取的样本应当足以代表总体。根据对被审计单位的了解、评估的重大错报风险以及所测试总体的特征等，注册会计师可以确定从总体中选取特定项目进行测试。选取的特定项目可能包括：

(1)金额较大的项目；
(2)账龄较长的项目；
(3)交易频繁期末余额较小的项目；
(4)重大关联方交易；
(5)重大或异常的交易；
(6)可能存在争议或错误的交易。

【例16·多选·长沙理工2017】注册会计师根据被审计单位的具体情况可能实施函证程序的是(　　)。

A. 应收账款　　　　　　　　　B. 自制半成品存货
C. 固定资产　　　　　　　　　D. 应收票据

【解析】函证是注册会计师直接从第三方获取书面答复。BC不涉及第三方。
【答案】AD

◆ 考点27·询证函的设计

1. 总体要求

注册会计师应当根据特定审计目标设计询证函(你填还是对方填)。例如：

(1)函证应收账款时，询证函中不列出账户余额，而是要求被询证者提供，这样才能发现应收账款低估错报；
(2)验证应付账款的完整性时，根据供货商明细表就比根据应付账款明细表选择询证对象更易发现未入账的负债。

2. 函证的方式（积极与消极）

要点	积极式询证函 （又称肯定式、正面式函证）	消极式询证函 （又称否定式、反面式函证）
要求	要求被询证者在所有情况下必须回函 分为两类： ①列明账户余额或其他信息：可能对列示信息不加以验证就予以回函确认	只要求被询证者仅在不同意询

续表

要点	积极式询证函 （又称肯定式、正面式函证）	消极式询证函 （又称否定式、反面式函证）
要求	②不列明账户余额或其他信息：可能会导致回函率降低	证函列示信息的情况下才予以回函
结论	未收到消极式询证函的回函提供的审计证据，远不如积极式询证函的回函提供的审计证据有说服力	
适用条件	消极式询证函的适用条件（需同时满足）： ①重大错报风险评估为低水平； ②涉及大量余额较小的账户； ③预期不存在大量的错误； ④没有理由相信被询证者不认真对待函证	

◆ 考点 28 · 函证的实施与评价

1. 管理层要求不实施函证的处理

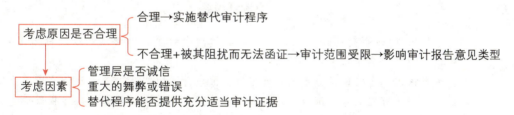

2. 对函证过程的控制

原则	注册会计师应当对函证的全过程保持控制
发出人	对询证函上的各项资料进行充分核对，经被审计单位盖章后，由注册会计师直接发出，不得由被审计单位代发
不同方式的具体控制措施	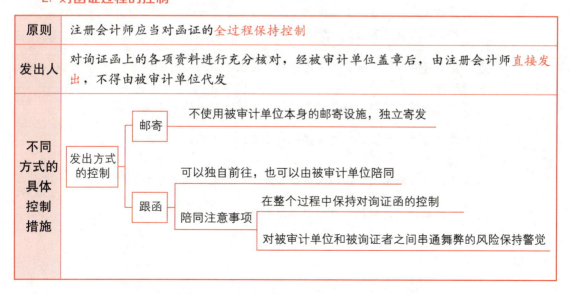

3. 积极式函证未收到回函时的处理

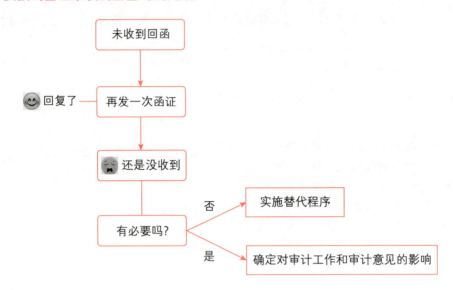

4. 评价函证的可靠性

1) 不同函证方式对回函可靠性的影响

方式	验证内容
邮寄	①验证信息（是否是原件、是否直接寄给注册会计师；回邮信封或发件方名称；邮戳；印章签名等）； ②如果被询证者将回函寄至被审计单位，被审计单位将其转交注册会计师，该回函不能视为可靠的审计证据。此时注册会计师可以要求被询证者直接书面回复
跟函	①了解被询证者处理函证的通常流程和处理人员； ②确认处理人员的身份和权限； ③观察处理人员是否按照正常流程认真处理询证函
电子形式	①注册会计师和回函者采用一定的程序为电子形式的回函创造安全环境，可以降低该风险； ②存有疑虑时，可以与被询证者联系，以核实回函的来源及内容
口头回复	①不是直接书面回复，不符合函证的要求，不能作为可靠的审计证据； ②可以要求被询证者提供直接书面回复； ③如果仍未收到书面回函，注册会计师需要实施替代程序
传真	联系被询证者，与被询证者核实来源和内容

2)回函中存在免责或限制性条款

条款	类型	举例
对可靠性不产生影响的条款	格式化的免责条款	①提供的本信息仅出于礼貌，我方没有义务必须提供，我方不因此承担任何明示或暗示的责任、义务和担保；②本回复仅用于审计目的，被询证方、其员工或代理人无任何责任，也不能免除注册会计师做其他询问或执行其他工作的责任
	与所测试的认定无关的限制条款	函证投资是否存在时，回函中针对投资价值的免责条款
对可靠性产生影响的条款	影响信息的完整性、准确性或注册会计师能够依赖其所含信息的程度	①本信息是从电子数据库中取得，可能不包括被询证方所拥有的全部信息；②本信息既不保证准确，也不保证是最新的，其他方可能会持有不同意见；③接收人不能依赖函证中的信息

【注意】

(1)如果认为询证函回函不可靠，注册会计师应当评价其对评估的相关重大错报风险(包括舞弊风险)，以及其他审计证据的性质、时间安排和范围的影响(比如实施替代性审计程序)。

(2)如果回函存在不符事项，注册会计师应当进行调查，以确定是否存在错报。某些不符事项并不表明存在错报。例如，注册会计师可能认为询证函回函的差异是由函证程序的时间安排、计量或书写错误造成的。

【例17·案例·厦门大学2017】注册会计师A在进行应收账款函证时，将询证函交由被审计单位财务人员进行寄发。请判断注册会计师A的做法是否恰当，并说明理由。

【答案】不恰当。注册会计师函证时，应当对询证函上的各项资料进行充分核对，经被审计单位盖章后，由注册会计师直接发出，不得由被审计单位代发。

◆ 考点29·分析程序

1. 含义

注册会计师通过分析不同财务数据之间以及财务数据与非财务数据之间的内在关系，对财务信息作出评价。分析程序还包括在必要时对识别出的、与其他相关信息不一致或与预期值差异重大的波动或关系进行调查。

2. 分析程序的具体运用

风险评估程序 **（必须采用）**	①目的：了解被审计单位及其环境 ②具体运用：a. 通过分析程序识别那些可能表明财务报表存在重大错报风险的异常变化（重点关注关键的账户余额、趋势和财务比率等方面，对其形成一个合理的预期，并与被审计单位的记录相比较）； b. 无须在了解被审计单位及其环境的每一方面都实施分析程序。如对内控的了解中，一般不用
实质性程序 **（更好时采用）**	①目的：将认定层次的检查风险降至可接受的水平（发现错报） ②运用情形：当使用分析程序比细节测试能更有效地将认定层次的检查风险降至可接受的水平时，可以单独或结合细节测试运用实质性分析程序 ③设计和实施的考虑因素： a. 对特定认定的适用性，通常更适用于在一段时期内存在预期关系的大量交易； b. 使用数据的可靠性； c. 评价预期值的准确程度； d. 已记录金额与预期值之间可接受的差异额
总体复核 **（必须采用）**	①目的：确定财务报表整体是否与对被审计单位的了解一致 ②与风险评估程序相比： a. 使用的分析程序基本相同； b. 目的不同，时间和重点不同，所取得的数据的数量和质量不同。 ③与实质性程序相比：总体复核阶段实施的分析程序不如实质性程序详细和具体，往往集中在财务报表层次 ④发现的问题及处理：如果识别出以前未识别的重大错报风险，注册会计师应当重新考虑对全部或部分各类交易、账户余额和披露评估的风险是否恰当，并在此基础上重新评价之前计划的审计程序是否充分，是否有必要追加审计程序

【例18·单选·央财2016】下列各项中，注册会计师通常认为不适合运用实质性分析程序的是（   ）。

　　A. 存款利息收入　　B. 营业外支出　　C. 借款利息支出　　D. 房屋租赁收入

【解析】选项B的营业外支出具有"偶发"的特性，与其他数据之间不存在预期关系，不适合运用分析程序。

【答案】B

第八节 审计工作底稿

◆ 考点 30 · 审计工作底稿概述

1. 含义

注册会计师对制定的审计计划、实施的审计程序、获取的相关审计证据,以及得出的审计结论作出的记录。审计工作底稿是审计证据的载体,是注册会计师在审计过程中形成的审计工作记录和获取的资料。

2. 编制目的

目的	内容
基本目的	①提供充分、适当的记录,作为出具审计报告的基础 ②提供证据,证明已按照审计准则和法律法规的规定计划和执行了审计工作
其他目的	①有助于计划和执行审计工作 ②有助于履行指导、监督与复核的责任 ③便于项目组说明其执行审计工作的情况 ④保留对未来审计工作持续产生重大影响的事项的记录 ⑤便于实施质量控制复核与检查 ⑥便于监管机构和注册会计师协会实施执业质量检查

3. 编制要求

注册会计师编制的审计工作底稿,应当使未曾接触该项审计工作的有经验的专业人士清楚地了解:

(1)按照审计准则和相关法律法规的规定实施的审计程序的性质、时间安排和范围;

(2)实施审计程序的结果和获取的审计证据;

(3)审计中遇到的重大事项和得出的结论,以及在得出结论时作出的重大职业判断。

◆ 考点 31 · 审计工作底稿的格式、要素和范围

1. 确定审计工作底稿的格式、要素和范围时考虑的因素

考虑因素	说明
被审计单位的规模和复杂程度	大型、复杂:底稿多 小型、简单:底稿少

续表

考虑因素	说明
拟实施审计程序的性质	不同的程序底稿不同（如函证和监盘不同）
拟识别出的重大错报风险	风险高：底稿多 风险低：底稿少
已获取的审计证据的重要程度	有些审计证据的相关性和可靠性较高，有些质量则较差，注册会计师可能区分不同的审计证据进行有选择性的记录
识别出的例外事项的性质和范围	对不符事项的处理；构成错报和不构成错报的事项，处理方式不同
当从已执行审计工作或获取审计证据的记录中不易确定结论或结论的基础时，记录结论或结论基础的必要性	涉及复杂事项，记录需要更加详细
审计方法和使用的工具	计算机辅助审计技术/人工方式

2. 审计工作底稿的要素

通常，审计工作底稿包括下列全部或部分要素：
(1)审计工作底稿的标题；
(2)审计过程记录；
(3)审计结论；
(4)审计标识及其说明；
(5)索引号及编号；
(6)编制者姓名及编制日期；
(7)复核者姓名及复核日期；
(8)其他应说明事项。

◆考点32·审计工作底稿的归档与保存

1. 审计工作底稿归档工作的性质

在审计报告日后将审计工作底稿归整为最终审计档案是一项事务性的工作，不涉及实施新的审计程序或得出新的结论，包括：
(1)删除或废弃被取代的审计工作底稿；
(2)对审计工作底稿进行分类、整理和交叉索引；
(3)对审计档案归整工作的完成核对表签字认可；
(4)记录在审计报告日前获取的、与项目组相关成员进行讨论并达成一致意见的审计证据。
【提示】归档前是可以删除的，归档后坚决不能删除底稿！

2. 期限

注册会计师应当在审计报告日后 60 天内完成归档，未能完成审计业务的，在审计业务中止后的 60 天内归档。

3. 归档后的变动

原则	在完成最终审计档案的归整工作后，注册会计师不应在规定的保存期届满前删除或废弃任何性质的审计工作底稿
需要变动审计工作底稿的情形	一般情况下，在审计报告归档之后不需要对审计工作底稿进行修改或增加，有必要修改现有审计工作底稿或增加新的审计工作底稿的情形主要有以下两种： ①注册会计师已实施了必要的审计程序，取得了充分、适当的审计证据，并得出了恰当的审计结论，但审计工作底稿的记录不够充分； ②审计报告日后，发现例外情况要求注册会计师实施新的或追加审计程序，或导致注册会计师得出新的结论
变动审计工作底稿时的记录要求	在完成最终审计档案的归整工作后，如果发现有必要修改现有审计工作底稿或增加新的审计工作底稿，无论修改或增加的性质如何，注册会计师均应当记录下列事项： ①修改或增加审计工作底稿的理由； ②修改或增加审计工作底稿的时间和人员，以及复核的时间和人员

4. 保存期限

会计师事务所应当自审计报告日起，对审计工作底稿至少保存 10 年。如果注册会计师未能完成审计业务，会计师事务所应当自审计业务中止日起，对审计工作底稿至少保存 10 年。

【例 19·案例·中国石油大学(华东)2020、吉林财经 2021、中南林业科技 2022】ABC 会计师事务所的 A 注册会计师负责审计多家被审计单位 2020 年度财务报表。与审计工作底稿相关的部分事项如下：

(1)因无法获取充分、适当的审计证据，A 注册会计师在 2021 年 2 月 28 日中止了甲公司 2020 年度财务报表审计业务。考虑到该业务可能重新启动，A 注册会计师未将审计工作底稿归档。

(2)A 注册会计师在出具乙公司 2020 年度审计报告日次日收到一份应收账款询证函回函，确认金额无误后将其归于审计工作底稿，未删除记录替代程序的原审计工作底稿。

(3)在将丙公司 2020 年度财务报表审计工作底稿归档后，A 注册会计师知悉丙公司已于 2021 年 4 月清算并注销，认为无须保留与丙公司相关的审计档案，决定销毁。

(4)A 注册会计师在丁公司 2020 年度财务报表审计工作底稿归档后，收到管理层寄回的书面声明原件，与已归档的传真件核对一致后，直接将其归于审计档案。

(5)A 注册会计师获取了丁公司 2020 年年度报告的最终版本，阅读和考虑年度报告中的其他信息后通过在年度报告封面上注明"已阅读"作为已执行工作的记录。

(6)注册会计师认为审计人员的思考及判断过程不需要计入审计工作底稿。

(7)A注册会计师为了保密把审计底稿电子版删除,只保留纸质版。

要求:针对上述第(1)~(7)项,逐项指出A注册会计师的做法是否恰当,如不恰当,简要说明。

【答案】

(1)不恰当。注册会计师应在业务中止后的60天内归档/业务中止也应归档。

(2)恰当。

(3)不恰当。会计师事务所应当自审计报告日起对审计工作底稿至少保存10年。在规定保存期届满前,不应删除或废弃任何性质的审计工作底稿。

(4)不恰当。注册会计师应当记录对已归档审计工作底稿的修改或增加的理由、时间和人员以及复核的时间和人员。

(5)不恰当。注册会计师应当记录实施的具体程序/应当记录阅读和考虑的程序。

(6)不恰当。当涉及重大事项和重大职业判断时,注册会计师需要编制与运用职业判断相关的审计工作底稿。

(7)不恰当。在完成最终审计档案的归整工作后,注册会计师不应在规定的保存期届满前删除或废弃任何性质的审计工作底稿。

真题精练

一、单项选择题

1.(桂林电子科技大学2018)关于注册会计师执行财务报表审计工作的总体目标,下列说法正确的是( )。
   A. 对财务报表是否存在重大错报获取合理保证,使得注册会计师能够对财务报表是否在所有方面按照适用的财务报告编制基础发表审计意见
   B. 对被审计单位的持续经营能力提供合理保证
   C. 对被审计单位的内部控制是否存在值得关注的缺陷提供合理保证
   D. 按照审计准则的规定,根据审计结果对财务报表出具审计报告,并与管理层和治理层沟通

2.(桂林电子科技大学2019)用作审计证据的事实凭据和资料必须与审计目标和应证事项之间存在一定的逻辑关系,这称为审计证据的( )。
   A. 客观性   B. 相关性
   C. 合法性   D. 经济性

3.(北京工商2017、桂林电子科技大学2019)审计人员可接受的审计风险为5%,评估审计单位的重大错报风险为40%,则检查风险为( )。
   A. 20%   B. 70%   C. 95%   D. 12.5%

4. (央财2017、华侨大学2017)关于可接受的检查风险水平与评估的认定层次重大错报风险之间的关系,下列说法中,正确的是( )。
   A. 在既定的审计风险水平下,两者存在反向变动关系
   B. 在既定的审计风险水平下,两者存在正向变动关系
   C. 在既定的审计风险水平下,两者之和等于100%
   D. 在既定的审计风险水平下,两者没有关系

5. (四川轻化工2020)审计工作底稿的归档期限为审计报告日后的( )天。
   A. 15   B. 30
   C. 60   D. 90

6. (桂林电子科技大学2018)以下( )不是审计要素。
   A. 审计业务三方关系   B. 财务报表
   C. 审计目标   D. 审计证据

7. (兰州理工2022)审计证据的数量要达到"胜过合理的怀疑"这样一种程度,这就是( )。
   A. 审计证据的真实性   B. 审计证据的重要性
   C. 审计证据的充分性和适当性   D. 审计证据的可信性

8. (央财2016)以下关于财务报表审计的目标和一般原则的各项表述中,正确的是( )。
   A. 财务报表审计能够在一定程度上减轻被审计单位管理层和治理层的责任
   B. 财务报表的审计范围是指被审计单位提供的财务报表及其附注
   C. 注册会计师没有责任发现对财务报表整体不产生重大影响的错报
   D. 财务报表审计意见可同时为被审计单位管理层的经营效率和效果提供合理保证

9. (央财2016)丙公司由原国有企业A公司与其他非国有企业P、Q公司共同组建,A公司在丙公司中占有70%的股权,2012年初,丙公司经营上出现较大困难后,北京市国有资产管理局组织专家编制了丙公司的持续经营报告,并决定在聘请ABC会计师事务所对该报告进行鉴证后分发给预期使用者。以下有关ABC会计师事务所的这一业务的说法中,不正确的是( )。
   A. 北京市国有资产管理局为该业务的责任方
   B. 丙公司管理层应对持续经营报告负责
   C. 北京市国有资产管理局为鉴证对象信息负责
   D. 丙公司管理层应当对鉴证对象负责

10. (长沙理工2016)现代审计中,注册会计师审计在市场经济中的特殊作用是( )。
    A. 防止错误与舞弊的发生
    B. 正确反映企业财务状况和经营成果
    C. 提高企业财务信息的可靠性和可信性
    D. 帮助企业改善经营管理、提高经济效益

11. (齐齐哈尔大学2021)发生目标与( )有关。
    A. 资产负债的漏计   B. 收入费用的漏计
    C. 资产负债的多计   D. 收入费用的多计

二、多项选择题

1. (长沙理工2017、华侨大学2018)下列关于审计证据可靠性的说法正确的有(　　)。
   A. 领料单比材料成本计算表可靠
   B. 工资发放单比工资计算单可靠
   C. 存货监盘记录比存货盘点表可靠
   D. 银行询证函回函比银行对账单可靠

2. 下列各项中,导致审计固有限制的有(　　)。
   A. 注册会计师没有被授予调查被审计单位涉嫌违法行为所必要的特定法律权力
   B. 许多财务报表项目涉及主观决策、评估或一定程度的不确定性,并且可能存在一系列可接受的解释或判断
   C. 被审计单位管理层可能拒绝提供注册会计师要求的某些信息
   D. 注册会计师将审计资源投向最可能存在重大错报风险的领域,并相应减少其他领域的审计资源

3. (中国石油大学(北京))注册会计师在对应收账款进行函证时,能够为应收账款的(　　)认定提供相关可靠的审计证据。
   A. 存在
   B. 准确性、计价和分摊
   C. 权利和义务
   D. 截止

4. (武汉纺织2023)审计证据的适当性反映了(　　)。
   A. 充分性
   B. 相关性
   C. 可靠性
   D. 经济性

三、案例题

1. (广西财经、北京交通2018、四川轻化工2019、中南财经政法2020)注册会计师在对甲公司2013年度财务报表进行审计时,收集到了以下6组证据:
   (1)银行询证函回函与银行对账单;
   (2)销货发票副本与产品出库单;
   (3)领料单与材料成本计算表;
   (4)工资计算单与工资发放单;
   (5)存货盘点表与存货监盘记录;
   (6)收料单与购货发票。
   要求:请分别说明每组证据中哪项审计证据更可靠,并简单说明理由。

2. (天津农学院2023)请判断下列情形正确与否,并说明原因。
   (1)从外部来源获取的审计证据比从其他来源获取的审计证据更可靠。
   (2)内部控制有效时内部生成的审计证据没有内部控制薄弱时内部生成的审计证据可靠。
   (3)直接获取的审计证据比间接获取的审计证据更可靠。
   (4)原件获取的审计证据比复印件或者传真件获取的审计证据更可靠。
   (5)注册会计师亲自获取的审计证据比被审计单位提供的审计证据更可靠。

3. (广东财经2020)注册会计师A向乙公司函证丙公司情况,乙将函证结果发给丙公司,然后再由丙公司交给A。请判断该行为是否合理?

四、名词解释

1. (财科所2013、华北电力2018、陕西理工大学2021、西北政法2021、哈尔滨商业2021、新

疆财经 2022)审计目标

2. (重庆理工大学 2021)审计具体目标

3. (长沙理工 2017、贵州财经 2017、吉林财经 2017、广东技术师范 2020、北京印刷 2020、吉林财经 2021、四川轻化工 2020、吉林财经大学 2017&2021)审计认定

4. (北国会 2014、云南财经 2015)检查风险

5. (北国会 2014、财科所 2017、西安石油 2017)重大错报风险

6. (北国会 2013、安徽财经 2014、中国农业 2017、东北师范 2016、东北财经 2018、沈阳建筑 2019、西安石油 2017、上海大学 2020、沈阳化工 2020、中南民族 2021、财科所 2021、武汉纺织 2022、上海大学 2022)审计风险

7. (贵州财经 2017、山东工商 2019、哈尔滨理工大学 2020、杭州电子科技 2020、上海财经 2021)风险导向审计模型

8. (北国会 2013、安徽财经 2014、财科所 2013&2017&2020、沈阳建筑 2018&2019、华侨大学 2017、南京农业 2018、湖南大学、延安大学 2019、北京印刷 2020、新疆财经 2020、西北政法 2021)审计证据

9. (北国会 2014、深圳大学、新疆财经 2020)审计证据的充分性

10. (北国会 2014、深圳大学、武汉纺织 2022)审计证据的适当性

11. (吉林财经 2016)审计证据的经济性

12. (南京农业 2017&2018、广东财经 2020、沈阳大学 2020、上海大学 2022)函证

13. (北京工商 2020、广东财经 2020)应收账款函证

14. (西安石油 2017、财科所 2017)积极式函证/肯定式函证

15. (南京审计 2020)重新执行

16. (财科所 2019)审计分析程序

17. (北国会 2013、财科所 2014、吉林财经 2016、沈阳建筑 2017&2019、延安大学 2019、西北政法大学 2021)审计工作底稿

18. (财科所 2019、山西财经 2020、吉林财经 2021、上海大学 2022)财务报表审计

19. (湖南大学)注册会计师责任

五、简答题

1. (财科所 2019、杭州电子科技 2021、东北石油 2021、新疆财经 2022)注册会计师审计的审计要素有哪些？

2. (浙江农林 2020)谈谈审计五要素及他们之间的关系。

3. (财科所 2017、天津商业 2019、浙江农林 2020、武汉纺织 2022、贵州财经 2023)简述审计业务的三方关系。

4. (南审 2018)简述注册会计师执行审计工作的前提。

5. (中国石油大学(北京)2018、齐齐哈尔大学 2019、北京交通大学 2021)财务报表审计中，管理层的责任是什么？

6. (上海立信 2022)审计人员的责任是什么？

7. (北京语言 2023)注册会计师、管理层、治理层的责任分别是什么？

8. (南京理工2021)注册会计师对编制财务报表有什么作用?
9. (南京审计2017、齐齐哈尔大学2018、黑龙江大学2020、青岛理工2020、吉林财经2022、财科所2022)简述在执行财务报表审计工作时注册会计师的总体目标。
10. (北京工商大学2021、北京印刷学院2021)什么是管理层认定?其与审计目标有何关系?
11. (贵州财经2017&2020、北京印刷2022)管理层作出的期末账户余额相关的管理层认定包括哪些?
12. (安徽工业大学2023)简述管理层作出的各类交易、事项及相关披露的认定。
13. (沈阳大学2020)如何理解管理层认定?
14. (河北经贸2019、华东交通2022)简述审计的目标。
15. (北京交通2016、南京信息工程2018、东北农业2020、上海财经大学2021、沈阳化工2022、湖南工商2023)审计风险是什么?审计风险由什么构成?这些概念之间有何基本联系?
16. (吉林财经2017、南京信息2018、中国地质大学(武汉)2019、上海大学2020、郑州航空2020、沈阳化工2020、桂林电子科技2020)简述审计风险及其分类。
17. (哈尔滨商业2017、吉林财经2017、桂林电子科技2020、上大管理学院2020、武汉科技2020、新疆财经2022)什么是审计风险?其具体内容是什么?
18. (河南财经政法2017)审计风险是什么?哪些因素影响审计风险?
19. (云南大学2020)简述重大错报风险的两个层次。
20. (东北师范2019)审计风险是由谁判定的?中国、日本、美国和英国的审计风险应该一样的值吗?
21. (北京交通2021)简述财务报表层次的风险。
22. (北京交通2021)简述审计风险和控制风险。
23. (江西财经)审计风险中固有风险和控制风险的区别是什么?
24. (上海立信2020)简述检查风险、固有风险和控制风险。
25. (云南大学2020)简述审计的固有风险。
26. (吉林财经2017、南京信息工程2019、哈尔滨理工2020、电子科技2020、南京师范2020)简述审计风险模型含义及其评述。
27. (浙江财经2016)什么是审计风险?请基于现代风险导向审计的基本思想分析审计风险模型的应用思路。
28. (河南财经政法2019)什么是审计风险模型?并说明注册会计师如何运用该模型实施审计测试。
29. (北国会2014)简述检查风险与重大错报风险的关系。
30. (河南财经政法2022)简述审计风险、检查风险与重大错报风险之间的关系。
31. (广东财经2022)论述重大错报风险。
32. (中南大学2020)简述检查风险的定义、影响因素及变动关系。
33. (广东技术师范2022)如何降低审计风险?
34. (北京语言2017)什么是审计的固有限制?固有限制的来源是什么?请举例说明。

35. (郑州轻工业2022)为什么内部控制设计良好的情况下,审计风险也不可能降低为0?
36. (上海立信会计2022)审计人员是否可以发现审计项目中所有的错报?请说明原因。
37. (安徽财经2022)为什么鉴证业务不能提供绝对保证?
38. (河海大学2017、哈尔滨理工2020、安徽财经2020)简述审计风险和审计证据的关系。
39. (南京审计2019)简述检查风险与审计证据的关系。
40. (天津商业2017&2019、西北政法2021)风险导向审计是什么?其模型是什么?
41. (人大2017)简述风险导向审计的基本思路。
42. (河南财经政法2023)简述审计的四个阶段。
43. (浙江财经2021)简述风险导向审计的流程。
44. (西北师范2020、江西理工2020、天津科技2021、新疆财经大学2022、西北政法2022、北京印刷学院2022、华东交通2022、广东工业2023、西北政法2023、重庆理工2023)简述审计的流程。
45. (西安石油大学2022)审计过程大致可以分为三个阶段,这三个阶段分别是什么?
46. (北京工商2018、北京印刷2020、沈阳建筑2020、四川轻化工大学2021)简述审计证据的类型。
47. (山东财经2021)简述审计证据按外形特征的分类,并分别说明其优缺点。
48. (沈阳化工2022)审计证据有哪些?书面证据是什么?请举例说明。
49. (湖南大学、贵州财经2017、北京交通2021)简述审计证据的性质。
50. (北京物资2020)简述审计证据的定义及其特性。
51. (沈阳化工2020、南华大学2020、西藏民族2022)简述审计证据的特点。
52. (深圳大学、北京工商2018、河南财经政法2018、湖北工业2022)简述审计证据的充分性和适当性。
53. (长春工业2022)简述审计证据的重要性。
54. (西安石油2017)简述审计证据类型、作用和评价。
55. (广东财经2021)请分别说明审计证据的充分性、适当性、相关性、可靠性。
56. (南京审计2017&2019、南华大学2020)简述审计证据的适当性及其与充分性之间的关系。
57. (四川轻化工2020)什么是审计证据的充分性?判断审计证据充分性主要考虑哪些因素?
58. (华侨大学2018、武汉纺织2020)审计证据的数量是不是越多越好?并解释原因。
59. (山东财经2018)简述影响审计证据可靠性的因素。
60. (上海立信2020)内部控制可靠性和审计证据有什么关系?
61. (云南大学2020)外部取得与内部取得的审计证据哪个证明力更强?
62. (财科所2015、西安外国语大学2021)简述衡量审计证据强弱的依据。
63. (兰州财经2022)书面证据为什么比口头证据更可靠?
64. (北国会2013)简述顺查法的特征以及优缺点。
65. (云南大学2020)简述顺查法和逆查法的优缺点。
66. (安徽财经2017、西北政法2020、西藏民族2022)简述获取审计证据的方法。
67. (天津科技2022)简述审计证据的来源。

68. (财科所 2014、沈阳建筑 2019)简述审计程序。
69. (财科所 2016、安徽财经 2017、西北政法 2020)简述财务报表审计中获取审计证据的五种取证程序。
70. (吉林财经 2021)从狭义方面看审计程序有哪些？请一一介绍。
71. (哈尔滨商业 2016、湖北经济 2020、上海立信 2020、广东财经 2020、北京交通 2021、新疆财经 2022)审计程序包括哪些？
72. (浙江工商 2020)审计程序分为检查、观察、询问、函证、重新计算、重新执行、分析程序，请选择其中一个进行解释。
73. (西藏民族 2022)你认为审计程序中最重要的是什么？为什么？
74. (湖北经济 2020)简述函证的对象及适用范围。
75. (北京交通 2021)简述函证的含义和分类。
76. (内蒙古大学 2020、广东财经 2022)肯定式函证和否定式函证分别是什么？二者有何区别？
77. (北国会 2013、贵州财经 2017)简述函证的两种方式。
78. (东北师范 2019)函证有哪两种形式？函证由谁来发？
79. (安徽财经 2017)简述应收账款函证与银行存款函证的区别与联系。
80. (云南大学 2020&2022)简述函证发出前的控制措施。
81. (东北师范 2019)简述发出询证函的要点。
82. (沈阳建筑 2020)注册会计师收到回函直接认可结果的做法是否合理？
83. (北京交通 2018)函证时容易发生的舞弊行为有哪些？
84. (北京交通 2021)简述消极式函证的适用条件。
85. (浙江财经 2022)积极式函证是什么？消极式函证是什么？企业在什么情况下可以实施消极式函证？
86. (云南财经 2020、山东大学 2018、广东技术师范 2020)简述审计的分析程序及其适用条件。
87. (广东技术师范 2020)什么是分析程序？什么情况下用到分析程序？
88. (华中科技 2014、中南财经政法 2015)简述分析程序在不同程序中的作用。
89. (北京工商 2020、浙江财经 2020)简述对分析程序的理解。
90. (财科所 2019)简述审计工作底稿的编制要求。
91. (财科所 2021)审计工作底稿具体包括哪些要素？
92. (中南林业科技 2022)审计工作底稿是什么？有什么作用？
93. (东北师范 2018、黑龙江八一农垦 2020、南京农业 2023)简述审计工作底稿的作用。
94. (财科所 2015)确定审计工作底稿的格式、要素和范围时，注册会计师主要应考虑哪些因素？

第二篇

审计的工作流程

第三章 计划审计工作

考情点拨

大白话解释本章内容
在上一章的"审计过程"这一节中，我们了解到财务报表审计业务中，注册会计师首先需要判断是否能够承接业务委托，这样才能将风险尽可能地扼杀在摇篮里。确定接受业务委托后，注册会计师就需要制定审计计划了。就像我们有年度目标、月目标、周目标以及每日事项，注册会计师也会制定总体审计策略和具体审计计划。另外，注册会计师进行审计时，必然不可能在有限的时间里把所有的问题都找出来，因此需要在制定总体审计策略时就确定一条重要线，只保证把重要的问题找出来，并要求被审计单位进行更正。
本章难度 ★★ **本章重要程度** ★★★
本章复习策略
本章也是非常重要的章节，主要以选择题、名词解释、简答题、案例分析题的形式出现。尤其是重要性部分，需要牢牢掌握重要性水平的确定、几种重要性水平的区别与应用、重要性与审计风险、审计证据之间的关系。

考点精讲

第一节 初步业务活动

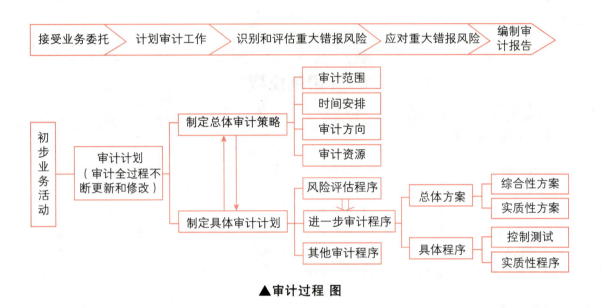

▲审计过程 图

◆ 考点 33 · 初步业务活动

初步业务活动是审计计划中第一步要做的工作，即考察项目与签订合同。

1. 初步业务活动的目的和内容

关键点	目的	内容
考察对方	确定不存在因管理层诚信问题而可能影响注册会计师保持该项业务意愿的事项	针对保持客户关系和具体审计业务实施相应的质量管理程序
考察自己	确保具备执行业务所需要的独立性和能力	评价遵守职业道德规范的情况
达成一致	确保与被审计单位之间不存在对业务约定条款的误解	就审计业务约定条款达成一致意见

【例1·单选·华侨大学2018】注册会计师应当在审计业务开始时开展初步业务活动。下列各项中，不属于初步业务活动的是（　　）。

A. 评价遵守相关职业道德要求的情况

B. 针对保持客户关系和具体审计业务实施相应的质量控制程序

C. 在执行首次审计业务时，查阅前任注册会计师的审计工作底稿
D. 就审计业务约定条款与被审计单位达成一致意见

【解析】选项C发生在接受业务委托后，不属于初步业务活动。
【答案】C

2. 审计的前提条件
(1)存在可接受的财务报告编制基础。
(2)管理层认可并理解其承担的三项责任。（链接【考点13】）

3. 审计业务约定书
审计业务约定书是指会计师事务所与被审计单位签订的，用以记录和确认审计业务的委托与受托关系、审计目标和范围、双方的责任以及报告的格式等事项的书面协议。它的具体内容和格式可能因被审计单位的不同而不同，但应当包括以下主要内容：
(1)财务报表审计的目标与范围；
(2)注册会计师的责任；
(3)管理层的责任；
(4)适用的财务报告编制基础；
(5)审计报告的预期形式和内容，以及对在特定情况下出具的审计报告可能不同于预期形式和内容的说明。

第二节 总体审计策略与具体审计计划

审计计划是对审计预期的性质、时间和范围制定一个总体策略和一套详细计划。包括总体审计策略和具体审计计划两个层次。

◆ 考点34 · 总体审计策略

总体审计策略是对审计的预期范围和实施方式所作的规划，用以确定审计范围、时间安排和方向，并指导具体审计计划。在制定总体审计策略时，应当考虑以下主要事项。

1. 确定审计范围时需要考虑的事项

（1）法律规定及监管需求，比如编制拟审计的财务信息所依据的财务报告编制基础，包括是否需要将财务信息调整至按照其他财务报告编制基础编制；

（2）被审计单位组织结构，比如由组成部分注册会计师审计组成部分的范围；

（3）利用他人或前期的工作，比如内部审计工作的可获得性及注册会计师拟信赖内部审计工作的程度。

2. 确定报告目标、时间安排及所需沟通的性质时需要考虑的事项

（1）被审计单位对外报告的时间表，包括中间阶段和最终阶段；

（2）与管理层和治理层举行会谈，讨论审计工作的性质、时间安排和范围。

3. 确定审计方向时需要考虑的事项

总体审计策略的制定应当包括考虑影响审计业务的重要因素，以确定项目组工作方向，包括<u>确定适当的重要性水平</u>，初步识别可能存在较高的重大错报风险的领域。

在确定审计方向时，注册会计师需要考虑下列事项（包括但不限于）：

（1）重大错报风险较高的审计领域；

（2）评估的财务报表层次的重大错报风险对指导、监督及复核的影响。

4. 调配审计资源时需要考虑的事项

（1）向具体审计领域调配的资源，包括向高风险领域分派有适当经验的<u>项目组成员</u>，就复杂的问题利用专家工作等；

（2）<u>如何管理、指导、监督</u>这些资源，包括预期何时召开项目组预备会和总结会，预期项目合伙人和经理如何进行复核，是否需要实施项目质量控制复核等。

【注意】总体审计策略内容比较多，大家了解即可，不需要特别记忆，考试时可以根据具体审计计划的内容进行反推。

◆考点 35·具体审计计划

1. 含义

具体审计计划是依据总体审计策略制定的，对实施总体审计策略所需要的审计程序的性质、时间和范围所做的<u>详细规划与说明</u>。其内容包括为获取充分、适当的审计证据以将审计风险降低至可接受的低水平，项目组成员拟实施的审计程序的性质、时间安排和范围。具体审计计划包括风险评估程序、计划实施的进一步审计程序和其他审计程序。

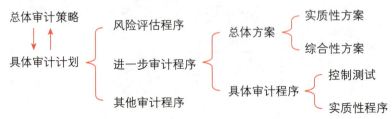

2. 审计过程中对计划的更改

1) 总体要求

计划审计工作并非审计业务的一个孤立阶段,而是一个持续、不断修正的过程,贯穿于整个审计业务的始终。

如果注册会计师在审计过程中对总体审计策略或具体审计计划做出重大修改,应当在审计工作底稿中记录做出的重大修改和理由。

2) 特别事项

以下事项的修改会直接导致修改审计计划,也会导致对审计工作做出适当调整:
(1) 对重要性水平的调整;
(2) 对某类交易、账户余额和披露的重大错报风险评估的更新和修改;
(3) 对进一步审计程序的更新和修改。

第三节 重要性

◆ 考点 36 · 重要性的概念

1. 含义

如果合理预期错报(包括漏报)单独或汇总起来可能影响财务报表使用者的经济决策,则通常认为错报是重大的。

2. 理解

(1) 对重要性的判断是根据具体环境作出的,并受错报金额、性质或受两者共同作用的影响(定性+定量)。

(2) 考虑财务报表使用者整体共同的财务信息需求,不考虑错报对个别财务报表使用者可能产生的影响。

3. 运用

计划审计工作阶段	①决定风险评估程序的性质、时间安排和范围; ②识别和评估重大错报风险; ③确定进一步审计程序的性质、时间安排和范围
形成审计结论阶段	评价已识别的错报对财务报表的影响和对审计报告中审计意见的影响

◆ 考点 37 · 重要性水平的确定与修改

在计划审计工作时,注册会计师应当确定一个合理的重要性水平,以发现在金额上重大的错报。重要性水平是指注册会计师对财务报表能容忍的最大错报。

1. 财务报表整体的重要性

1)定义

如果一项错报单独或连同其他错报可能影响财务报表使用者的决策,则该项错报是重大的。

2)运用

(1)由于财务报表审计的目标是注册会计师通过执行审计工作对财务报表发表审计意见,因此应当考虑财务报表整体的重要性。

(2)在制定总体审计策略时,应当确定财务报表整体的重要性。

3)确定的具体方法

财务报表整体的重要性 = 基准 × 百分比

其中:基准——报表使用者的核心需求;百分比——报表使用者的范围、是否敏感。

4)选择基准的考虑因素

(1)财务报表要素;

(2)是否存在财务报表使用者特别关注的项目;

(3)被审计单位的性质、所处的生命周期阶段以及所处行业和经济环境;

(4)被审计单位的所有权结构和融资方式;

(5)基准的相对波动性。

5)选择基准的示例

被审计单位的情况	可能选择的基准
企业的盈利水平保持稳定	经常性业务的税前利润
企业近年来经营状况大幅度波动:盈利和亏损交替发生,或由正常盈利变为微利或微亏,或者本年度税前利润因情况变化而出现意外增加或减少	过去3~5年经常性业务的平均税前利润或亏损(取绝对值),或其他基准,例如营业收入
企业为新设企业,处于开办期,尚未开始经营,目前正在建造厂房及购买机器设备	总资产

续表

被审计单位的情况	可能选择的基准
企业处于新兴行业，目前侧重于抢占市场份额、扩大知名度和影响力	营业收入
开放式基金，致力于优化投资组合、提高基金净值、为基金持有人创造投资价值	净资产
国际企业集团设立的研发中心，主要为集团下属企业提供研发服务，并以成本加成方式向相关企业收取费用	成本与营业费用总额
公益性质的基金会	捐赠收入或捐赠支出总额

佳姐翻译

衡量重要性的视角在于财务报表使用者，那么确定重要性水平时，也应站在财务报表使用者的角度，财务报表使用者关注什么就选什么。对于大部分企业来说，财务报表使用者关注盈利水平，因此一般选择利润要素作为基准；而新兴行业的企业侧重于抢占市场份额，财务报表使用者更加关注收入规模，故选择营业收入作为基准。

【例2·判断·央财2016】在确定重要性水平时，非经营性收益可以作为计算重要性水平的基准。（　　）

【解析】非经常性的收益，如营业外收入不具有稳定性和代表性，所以通常不用来作为计算重要性水平的基准。

【答案】×

6) 百分比的确定

注册会计师考虑相关因素，并运用职业判断确定百分比（实务中通常为1‰~5％），这些因素包括但不限于：

(1) 是否为上市公司或公众利益实体；

(2) 财务报表使用者的范围；

(3) 被审计单位是否由集团内部关联方提供融资或是否有大额对外融资；

(4) 财务报表使用者是否对基准数据特别敏感等。

7) 其他考虑

(1) 如果同一期间各财务报表的重要性水平不同，审计人员应当取其最低者作为财务报表层次的重要性水平。

(2) 在编制审计计划时，如果被审计单位尚未完成财务报表的编制，审计人员应当根据期中财务报表或上年度财务报表，进行推算或作必要修正，得出年末财务报表数据，并据此确定财务报表层次的重要性水平。

【例3·案例·南京师范2017、南京农业2023】 北京长江会计师事务所接受天使股份有限公司2018年度的财务报表审计的委托，指派注册会计师张强、赵敏负责该审计项目的审计。天使股份有限公司未经审计的2018年度的部分会计资料如下。

项目	金额/万元
2018年度营业收入	50 000
2018年度营业成本	40 000
2018年度利润总额	10 000
2018年度净利润	6 700
2018年12月31日资产总额	120 000
2018年12月31日长期股权投资	18 000
2018年12月31日股东权益	40 000

张强、赵敏分别根据营业收入的1%和总资产的0.5%确定财务报表层次的重要性水平。

要求：张强、赵敏确定的财务报表层次的重要性水平应是多少？

【答案】
根据营业收入确定的重要性水平＝50 000×1%＝500（万元）
根据总资产确定的重要性水平＝120 000×0.5%＝600（万元）
应取两者较低者作为财务报表层次的重要性水平，即为500万元。

2. 特定类别的交易、账户余额或披露的重要性

特定类别的交易、账户余额或披露发生错报时，即使错报金额<u>低于</u>财务报表整体的重要性，但如果能够合理预期将影响<u>财务报表使用者</u>依据财务报表作出的<u>经济决策</u>，应确定该认定的重要性水平。

特定类别的交易、账户余额或披露的重要性水平应<u>低于财务报表整体的重要性水平</u>。在审计工作中并不必然使用特定类别的交易、账户余额或披露的重要性水平，一般在以下情形中使用。

情形	举例
<u>法律法规</u>或适用的<u>财务报告编制基础</u>是否影响财务报表使用者对特定项目计量或披露的预期	关联方交易、管理层和治理层的薪酬、对具有较高估计不确定性的公允价值会计估计的敏感性分析
与被审计单位所处行业相关的<u>关键性披露</u>	制药企业的研究与开发成本
财务报表使用者是否特别关注财务报表中单独披露的业务的<u>特定方面</u>	关于分部或重大企业合并的披露

3. 实际执行的重要性

实际执行的重要性，是指注册会计师确定的低于财务报表整体重要性的一个或多个金额，旨在将未更正和未发现错报的汇总数超过财务报表整体重要性的可能性降至适当的低水平；如果适用，还指注册会计师确定的低于特定类别的交易、账户余额或披露的重要性水平的一个或多个金额。

1) 确定实际执行的重要性时应考虑的因素

确定实际执行的重要性并非简单机械的计算，需要运用职业判断。确定时的考虑因素有：
(1) 对被审计单位的了解；
(2) 前期审计工作中识别出的错报的性质和范围；
(3) 根据前期识别出的错报对本期错报做出的预期。

2) 实际执行的重要性的确定

通常而言，实际执行的重要性为财务报表整体重要性的50%~75%。

比例	情形
较低 （接近50%，查的越多）	① 首次接受委托的审计项目 ② 连续审计项目，以前年度审计调整较多 ③ 项目总体风险较高 ④ 存在或预期存在值得关注的内部控制缺陷
较高 （接近75%，查的越少）	① 连续审计项目，以前年度审计调整较少 ② 项目总体风险为低到中等 ③ 以前期间的审计经验表明内部控制运行有效

3) 在实际中运用实际执行的重要性

注册会计师在计划审计工作时可以根据实际执行的重要性确定需要对哪些类型的交易、账户余额和披露实施进一步审计程序，即通常选取金额超过实际执行的重要性的财务报表项目，因为这些项目有可能导致财务报表出现重大错报。

但不代表注册会计师可以对所有金额低于实际执行的重要性的财务报表项目不实施进一步审计程序，需要考虑的因素如下。

因素	说明
汇总	单个金额低于实际执行的重要性的财务报表项目汇总起来可能金额重大，注册会计师需要考虑汇总后的潜在错报风险
低估	对于存在低估风险的财务报表项目，不能仅仅因为其金额低于实际执行的重要性而不实施进一步审计程序
舞弊	对于识别出存在舞弊风险的财务报表项目，不能因为其金额低于实际执行的重要性而不实施进一步审计程序

【例4·单选·南京师范2016】实际执行的重要性为财务报表整体重要性的75%，则意味着（　　）。

A. 首次接受委托的审计项目

B. 连续审计项目，以前年度审计调整较多

C. 项目总体风险较高

D. 项目总体风险为低到中等

【解析】实际执行的重要性接近财务报表整体重要性的75%，则意味着：

(1)连续审计项目，以前年度审计调整较少；

(2)项目总体风险为低到中等（如处于低风险行业、管理层有足够能力、市场或业绩压力较少）；

(3)以前期间的审计经验表明内部控制运行有效。

【答案】D

4. 审计过程中修改重要性

财务报表整体的重要性和特定类别的交易、账户余额或披露的重要性水平都可能修改。修改的原因可能有：

(1)审计过程中情况发生重大变化；

(2)获取新信息；

(3)通过实施进一步审计程序，对被审计单位及其经营的了解发生变化。

5. 重要性与审计风险和审计证据之间的关系

(1)重要性与审计风险之间存在反向关系。重要性水平越高，审计风险就越低；重要性水平越低，审计风险就越高。

(2)重要性水平与审计证据的数量之间存在反向关系。实务中通常确定重要性在先（制定总体审计策略时），风险评估在后。因此，当重要性水平降低时，评估的重大错报风险将会升高。根据审计风险模型，评估的重大错报风险越高，可接受的检查风险将随之降低，注册会计师所需获取的审计证据数量将增加。

(3)由于风险评估是一个贯穿始终的过程，随着审计工作的深入，注册会计师对被审计单位及其经营所了解的情况可能发生变化，风险评估的结果可能发生变化，进而也可能导致重要性的修改。因此，《审计》（陈汉文主编，中国人民大学出版社）这本教材认为：预期的重大错报风险越高，应将重要性水平设定越低，所执行的审计工作将更加细致，需要更多的审计证据，最终的审计风险将越低。

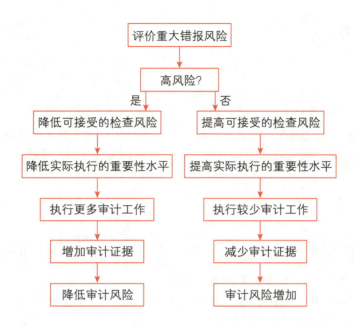

【例5·多选·央财2016】 在确定审计证据的数量时，下列表述中错误的是（　　）。

A. 重要性水平越高，需要的审计证据可能越多

B. 审计证据质量越高，需要的审计证据可能越少

C. 审计证据的质量较低时，可能通过获取更多的审计证据予以弥补

D. 通过调高重要性水平，可以降低所需获取的审计证据的数量

【解析】重要性水平越高，意味着注册会计师拟实施的审计程序的范围可能越窄，拟获取的审计证据可能越少，重要性水平和需要的审计证据数量呈反向关系，选项A错误。审计证据的质量存在缺陷，仅靠获取更多的审计证据可能无法弥补其质量上的缺陷，选项C错误。注册会计师不能人为调整重要性水平，从而减少必要的审计程序及审计证据的数量，选项D错误。

【答案】ACD

【例6·判断·东北师范2016】 财务报表的审计风险越高，财务报表整体的重要性金额越高。（　　）

【解析】财务报表整体的重要性金额越高，意味着低于该金额的错报不会影响财务报表使用者的判断和决策，审计人员相对而言需要查出的错报较少，那么审计风险也会较低。因此，审计风险与财务报表整体的重要性水平呈反向关系。

【答案】×

◆ 考点 38 · 错报

1. 定义

错报是指某一财务报表项目的 金额、分类或列报，与按照适用的财务报告编制基础应列示的金额、分类或列报之间存在的 差异；或 根据注册会计师的判断，为使财务报表在所有重大方面实现公允反映，需要对金额、分类或列报作出必要的 调整。错报主要来源于舞弊或错误。

2. 类型

类型	定义	说明/举例
事实错报	产生于被审计单位收集和处理数据的错误，对事实的忽略或误解，或故意舞弊行为	违背事实，如金额录入错误
判断错报	注册会计师认为管理层对财务报表中的确认、计量和列报（包括对会计政策的选择和运用）作出不合理的判断而导致的差异	①对会计估计值的判断差异：管理层作出的估计值超过了注册会计师确定的合理范围； ②对选择和运用会计政策的判断差异：管理层选择或运用不恰当的会计政策
推断错报	通过测试样本估计出的总体的错报减去在测试中发现的已经识别的具体错报	审计抽样中根据在样本中识别的错报来推断总体的错报

3. 识别错报后的考虑

(1) 错报可能不会孤立发生，一项错报的发生还可能表明存在其他错报。

(2) 抽样风险和非抽样风险可能导致某些错报未被发现。审计过程中累积错报的汇总数接近重要性，表明存在比可接受的低风险更大的风险，即可能未被发现的错报连同审计过程中累积错报的汇总数，可能超过重要性。

(3) 通常，注册会计师应当及时将审计过程中累积的所有错报与适当层级的管理层进行沟通，还应当要求管理层更正这些错报。

◆ 考点 39 · 明显微小错报临界值

1. 定义

如果注册会计师将低于某一金额的错报界定为明显微小错报，意味着这些错报无论单独或者汇总起来，无论从规模、性质或其发生的环境来看都是明显微不足道的。

2. 作用

注册会计师需要在制定审计策略和审计计划时确定一个明显微小错报临界值，低于该金额的错报可以不累积。注册会计师应当及时将审计过程中累积的所有错报与适当层级的管理层进行沟通，并要求更正。

3. 确定方法

一般为财务报表整体重要性的3‰～5‰，但通常不超过10%。确定时的考虑因素有：

(1) 以前年度审计中识别的错报（包括已更正和未更正错报）的数量和金额；

(2) 重大错报风险的评估结果；

(3) 被审计单位治理层和管理层对注册会计师与其沟通错报的期望；

(4) 被审计单位的财务指标是否勉强达到监管机构的要求或投资者的期望。

【例7·多选】下列关于运用实际执行的重要性的说法中，正确的有（　　）。

A. 实施实质性分析程序时，注册会计师确定的已记录金额与预期值之间的可接受差异额通常不超过实际执行的重要性

B. 在运用审计抽样实施细节测试时，注册会计师可以将可容忍错报的金额设定为等于或低于实际执行的重要性

C. 在计划审计工作时，注册会计师可以根据实际执行的重要性确定需要对哪些类型的交易、账户余额和披露实施进一步审计程序

D. 在计划审计工作时，针对低于实际执行的重要性的财务报表项目，注册会计师无须实施进一步审计程序

【解析】略。

【答案】ABC

4. 重要性总结

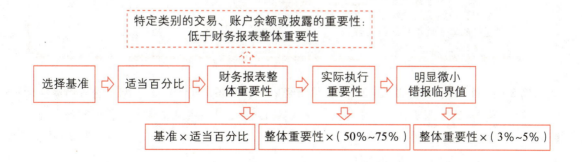

佳姐翻译

本节我们学了四个层次的重要性,包括财务报表整体的重要性、特定类别的重要性、实际执行的重要性、明显微小错报临界值。那么这四个重要性分别怎么用呢,下面佳姐通过一个作用区分表和一个应用时间轴给大家"大白话翻译"。

重要性水平类别	作用
财务报表整体的重要性	评价已识别的错报对财务报表和审计意见的影响
特定类别的交易、账户余额或披露的重要性	评价已识别的错报对特定财务报表项目和审计意见的影响
实际执行的重要性	①通常选取高于实际执行的重要性的项目实施进一步审计程序; ②确定进一步审计程序的性质、时间安排和范围: 分析程序:通常可接受差异额≤实际执行的重要性 审计抽样:通常可容忍错报≤实际执行的重要性
明显微小错报临界值	看错报用不用累积

1 实际执行的重要性
注册会计师根据实际执行的重要性水平衡量要不要做程序:高于则通常做,但低于不代表不做

2 明显微小错报临界值
审计过程中发现大于明显微小错报临界值的错报就记录(累积)下来

3 明显微小错报临界值
审计结束后,要求被审计单位管理层更正所有的累积错报

4 财务报表整体的重要性
管理层拒绝更正的错报与财务报表整体的重要性水平进行比较

【例8·案例·中南财经政法2018、吉林财经2021】上市公司甲公司是ABC会计师事务所的常年审计客户,A注册会计师负责审计甲公司2017年度财务报表。审计工作底稿中与确定重要性和评估错报相关的部分内容摘录如下。

金额单位：万元

项目	2017年	2016年	备注
营业收入	16 000（未审数）	15 000（已审数）	2017年，竞争对手推出新产品抢占市场，甲公司通过降价和增加广告投放促销
税前利润	50（未审数）	2 000（已审数）	2017年，降价及销售费用增长导致盈利大幅下降
财务报表整体的重要性	80	100	
实际执行的重要性	60	75	
明显微小错报临界值	0	5	

(1)2016年度财务报表整体的重要性以税前利润的5%计算。2017年，由于甲公司处于盈亏临界点，A注册会计师以过去三年税前利润的平均值作为基准确定财务报表整体的重要性。

(2)由于2016年度审计中提出的多项审计调整建议金额均不重大，A注册会计师确定2017年度实际执行的重要性为财务报表整体重要性的75%，与2016年度保持一致。

(3)2017年，治理层提出希望知悉审计过程中发现的所有错报，因此，A注册会计师确定2017年度明显微小错报临界值为0。

(4)甲公司2017年末非流动负债余额中包括一年内到期的长期借款2 500万元，占非流动负债总额的50%。A注册会计师认为，该错报对利润表没有影响，不属于重大错报，同意管理层不予调整。

(5)A注册会计师仅发现一笔影响利润表的错报，即管理费用少计60万元。A注册会计师认为，该错报金额小于财务报表整体的重要性，不属于重大错报，同意管理层不予调整。

要求：逐项判断审计项目组的做法是否恰当，如不恰当，简要说明理由。

【答案】

(1)恰当。

(2)不恰当。2016年度有多项审计调整，2017年，甲公司的竞争对手推出新商品抢占市场，甲公司面临较大压力，应采用较低的百分比来确定实际执行的重要性。

(3)恰当。

(4)不恰当。由于一年内到期的长期借款占非流动负债总额的50%，因此该分类错报会影响关键财务指标，注册会计师应当提请被审计单位调整。

(5)不恰当。虽然该笔错报小于财务报表整体的重要性，但可能使利润由盈转亏，因此属于重大错报，应当提请管理层予以调整。

真题精练

一、多项选择题

1. 在审计过程中,需要运用重要性原则的情形有( )。
   A. 签订审计业务约定书
   B. 商定审计费用
   C. 确定审计程序的性质、时间和范围
   D. 评价审计结果

2. 下列关于审计计划的说法中,错误的有( )。
   A. 如果注册会计师在审计过程中对总体审计策略或具体审计计划作出重大修改,应当在审计工作底稿中记录作出的重大修改
   B. 计划审计工作是一个持续的、不断修正的过程,贯穿于整个审计业务的始终
   C. 由于条件的变化或在实施审计程序中获取的审计证据等原因,在审计过程中,注册会计师应在必要时对总体审计策略和具体审计计划作出更新和修改
   D. 审计计划一旦确定就不能更改

二、案例题

1. (广东财经2017&2018)请补充以下空格中的内容。

被审计单位的情况	可能选择的判断基准
开放式基金,致力于优化投资组合、提高基金净值、为基金持有人创造价值	净资产(示例)
①企业的盈利水平保持稳定	
②企业为新设企业,处于开办期,尚未开始经营,目前正在建造厂房及购买机器设备	
③企业处于新兴行业,目前侧重于抢占市场份额、扩大企业知名度和影响力	
④国际企业集团设立的研发中心,主要为集团下属各企业提供研发服务,并以成本加成的方式向相关企业收取费用	
⑤公益性质的基金会	

2. 某注册会计师接受委托审计A公司2020年度的财务报表,通过查阅A公司的财务报表,找到以下证据(见下表)。

项目	金额/万元
资产总额	90 000
净资产	44 000
主营业务收入	120 000
净利润	12 060

同时,根据以往的审计经验,确定了在计算重要性水平时各项目对应的百分比。

各项目对应的百分比

项目	资产总额	净资产	主营业务收入	净利润
百分比/%	0.5	1	0.5	5

要求:计算确定财务报表层次的重要性水平。

3. ABC 会计师事务所首次接受委托,审计甲公司 2019 年度财务报表,甲公司处于新兴行业,面临较大竞争压力,目前侧重于抢占市场份额,审计工作底稿中与确定重要性和评估错报相关的部分内容摘录如下。

(1)考虑到甲公司所处市场环境,财务报表使用者最为关注收入指标,审计项目组将营业收入作为确定财务报表整体重要性的基准。

(2)经与前任注册会计师沟通,审计项目组了解到甲公司以前年度内部控制运行良好、审计调整较少,因此,将实际执行的重要性确定为财务报表整体重要性的 75%。

(3)审计项目组将明显微小错报的临界值确定为财务报表整体重要性的 3%,该临界值也适用于重分类错报。

(4)审计项目组认为无须对金额低于实际执行的重要性的财务报表项目实施进一步的审计程序。

(5)在运用审计抽样实施细节测试时,考虑到评估的重大错报风险水平较低,审计项目组将可容忍错报的金额设定为实际执行的重要性的 120%。

(6)甲公司某项应付账款被误计入其他应付款,其金额高于财务报表整体的重要性,因为该项错报不影响甲公司的经营业绩和关键财务指标,审计项目组同意管理层不予调整。

要求:逐项判断审计项目组的做法是否恰当,如不恰当,简要说明理由。

三、名词解释

1. (财科所 2016)审计计划

2. (北国会 2013、吉林财经 2017&2021、西安理工 2017、安徽财经 2017、贵州财经 2017、北京交通 2016、沈阳建筑 2018、中国地质大学(武汉)2019、辽宁大学 2020、青海民族 2020、华东政法 2020、东北石油 2021)重要性

3. (北国会 2013、安徽财经 2014、北京交通 2016、长沙理工 2017、广东工业 2018、南开大学 2022、财科所 2022)重要性水平

4. (南京审计 2017)审计业务约定书

5.(贵州财经 2017)错报

四、简答题

1.(河北农业 2020、云南大学 2020)简述审计业务约定书的概念及审计业务约定书包含的内容。

2.(江西财经 2021)审计业务约定书的内容包括哪些？有什么作用？

3.(云南大学 2020)列举一个审计业务约定书的内容。

4.(长春工业 2022)总体审计策略和具体的审计计划分别指什么？包括什么内容？

5.(吉林财经大学 2021)什么是具体审计计划？都包括什么内容？

6.(北京交通 2018)确定审计方向时需要考虑的因素有哪些？

7.(财科所 2019)如何制定审计计划？

8.(厦门大学 2017)简述具体审计计划的概念。审计过程中是否可以修改具体审计计划？理由是什么？

9.(北国会 2014)简述审计计划的作用。

10.(西京学院 2021、安徽财经 2023)简述重要性和审计证据之间的关系。

11.(贵州财经 2017、中国石油大学(北京)2018、东北师范 2018、安徽工业 2020、上海立信 2020、安徽财经 2022、西京学院 2023)简述重要性与审计风险之间的关系。

12.(安徽财经 2014、北京印刷 2017、佳木斯大学 2020、西京学院 2022、安徽财经 2022)简述审计重要性水平与审计风险、审计证据之间的关系。

13.(南开大学 2022)重要性水平与重大错报风险之间存在什么关系？

14.(东北师范 2022)当重要性水平降低，应采取什么措施降低审计风险？

15.(北京工商 2017&2020、青岛科技 2018、安徽财经 2017&2020、中南林业科技 2019、沈阳建筑 2020、南华大学 2020、北京物资 2020、新疆农业 2020、东北石油 2021、延安大学 2021、中国传媒 2022、陕西理工 2022、长沙理工 2022)你如何理解重要性？请举例说明。

16.(山东财经 2018、广东财经 2018、首都经贸 2020、河北经贸 2022)审计重要性水平如何确定？

17.(南开大学 2022)具体执行层面的重要性指什么？

18.(中国石油(北京)2022)简述实际执行重要性的意义及其影响。

19.(成都理工 2020、天津财经大学 2021)简述重要性水平的含义和作用。

20.(南京师范 2016、东北师范 2016、天津财经大学 2021)审计的重要性运用在哪些环节？

21.(财科所 2021)如何理解和运用审计中的重要性概念？

22.(成都理工 2020)谈谈重要性水平的含义和作用。

23.(新疆财经 2023)在审计过程中，重要性水平是一成不变的吗？

24.(武汉纺织 2022)审计错报有哪些类型？

25.(深圳大学)错报是什么？什么事项会产生错报？如何考虑错报？

五、论述题

(南京审计 2017)简述总体审计策略的定义，以及在制定总体审计策略时注册会计师应当考虑的事项。

04 第四章
审计的思路和步骤

考情点拨

大白话解释本章内容

在第一章里,审计按使用的技术和方法分类,可以分为账表导向审计、系统导向审计和风险导向审计,在财务报表审计业务中用的正是风险导向审计。

风险导向审计下的工作自然紧紧围绕"风险"展开。首先,注册会计师需要评估和识别风险,看看风险点在哪里,是整个财务报表都有风险还是某几个报表项目有风险。其次,注册会计师需要进行相应的风险应对:整个财务报表都有风险就采取总体应对措施,比如向审计项目组强调保持职业怀疑的必要性、指派更有经验或具有特殊技能的审计人员;某几个报表项目有风险就采取进一步的审计程序来找到错报,比如测试和评价被审计单位内部控制的有效性,对各类交易、账户余额和披露进行细节测试和实质性分析。

本章难度 ★★★
本章重要程度 ★★★

本章复习策略

本章也是非常重要的章节,有一定难度,会考到案例分析题。但是大家只要牢牢抓住风险导向审计的核心思路,学习的过程中保持"清醒",不断确认目前所学处于审计的哪一环,把握好框架和脉络,逐渐就能把握审计的"调性",开始"爱上"审计。

考点精讲

第一节 风险评估概述

◆考点 40·风险识别和评估的概念和要求

1. 概念

在风险导向审计模式下,注册会计师以重大错报风险的识别和评估以及应对为审计工作的主线,最终将审计风险降至可接受的低水平。

风险识别和评估指注册会计师通过设计、实施风险评估程序,识别和评估财务报表层次和认定层次的重大错报风险。其中:

风险识别是指找出财务报表层次和认定层次的重大错报风险;

风险评估是指对重大错报发生的可能性和后果的严重程度进行评估。

2. 风险识别和评估的总体要求

(1)注册会计师应当实施风险评估程序,以了解被审计单位及其环境、适用的财务报告编制基础和内部控制体系各要素。

(2)了解被审计单位及其环境、适用的财务报告编制基础和内部控制体系各要素贯穿于整个审计过程的始终。

(3)注册会计师了解的程度低于管理层为经营管理企业而对被审计单位及其环境等方面情况需要了解的程度。

◆考点 41·风险评估程序和信息来源

风险评估程序,是指注册会计师为识别和评估财务报表层次以及认定层次的重大错报风险而设计和实施的审计程序。注册会计师应当实施下列风险评估程序,以了解被审计单位及其环境等方面:询问、分析、观察、检查。但是在了解被审计单位及其环境、适用的财务报告编制基础和内部控制体系各要素的每一方面时,无须实施上述所有程序。

程序	内容
询问	询问管理层和审计单位内部其他合适人员,包括内部审计人员
分析程序	分析毛利率、收入增长率、成本变动率等,以识别异常变化
观察	被审计单位如何进行生产经营活动及内部控制活动

续表

程序	内容
检查	检查内部文件、记录和内部控制手册。例如,检查被审计单位的经营计划、策略、章程,与其他单位签订的合同、协议,各业务流程操作指引和内部控制手册等,了解被审计单位组织结构和内部控制制度的建立健全情况
穿行测试(询问+观察+检查)	追踪某笔或某几笔交易在业务流程中如何生成、记录、处理和报告,以及相关控制如何执行。目的是了解内部控制,并确定相关控制是否得到执行

除采用上述程序从被审计单位内部获取信息以外,如果根据职业判断认为从被审计单位外部获取的信息有助于识别重大错报风险,注册会计师应当实施其他审计程序以获取这些信息,如询问被审计单位聘请的外部法律顾问、专业评估师、投资顾问和财务顾问,阅读外部信息等。

▲风险评估所需信息来源 图

第二节 了解被审计单位及其环境等方面

◆考点42·了解被审计单位及其环境等方面

1. 了解哪些方面

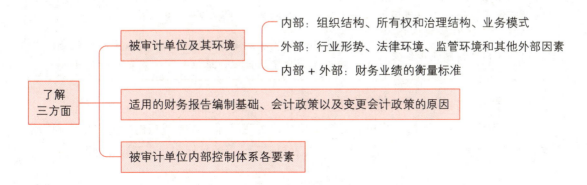

2. 为什么要了解这些方面

了解方面		分析
被审计单位及其环境	组织结构	复杂的组织结构可能导致财务报表发生重大错报风险，例如财务报表合并、商誉以及长期股权投资核算问题
	所有权结构	考虑关联方关系是否已经得到识别，关联方交易是否得到恰当会计处理
	治理结构	良好的治理结构可以对被审计单位的经营和财务运作以及财务报告实施有效的监督，从而降低财务报表发生重大错报的风险
	业务模式	通过了解被审计单位的目标、战略和业务模式涉及的活动，有助于了解被审计单位承担和面临的经营风险
	行业形势	通过了解所处行业的市场与竞争、生产经营的季节性和周期性、行业的关键指标和统计数据等，识别与被审计单位所处行业有关的重大错报风险
	法律环境和监管环境	①某些法律法规或监管要求可能对被审计单位经营活动有重大影响，如不遵守将导致停业等严重后果；②某些法律法规或监管要求（如环保法规等）规定了被审计单位某些方面的责任和义务；③某些法律法规或监管要求决定了被审计单位需要遵循的行业惯例和核算要求
	其他外部因素	了解总体经济情况、利率、融资的可获得性、通货膨胀水平或币值变动等
	财务业绩的衡量标准	有助于注册会计师考虑这些内部或外部的衡量标准，是否会导致被审计单位面临实现业绩目标的压力
适用的财务报告编制基础、会计政策以及变更会计政策的原因		例如，针对金融工具准则的变更，了解被审计单位是否已经采用新的会计政策进行处理
被审计单位内部控制体系各要素		注册会计师了解被审计单位内部控制体系各项要素，有助于其初步了解被审计单位如何识别和应对经营风险

3. 经营风险是否都会导致重大错报风险

经营风险（business risk）是指可能对被审计单位实现目标和实施战略的能力产生不利影响的重要状况、事项、情况所导致的风险，或由于制定不恰当的目标和战略而导致的风险。

经营风险比财务报表重大错报风险范围更广。多数经营风险最终都会产生财务后果，从而影响财务报表；但并非所有的经营风险都与财务报表相关并导致重大错报风险。注册会计师没有责任识别或评估不重大影响财务报表的经营风险。

【例1·单选】下列有关经营风险对重大错报风险的影响的说法中，错误的是(　　)。
A. 多数经营风险最终都会产生财务后果，从而可能导致重大错报风险
B. 注册会计师在评估重大错报风险时，没有责任识别或评估对财务报表没有重大影响的经营风险
C. 经营风险通常不会对财务报表层次重大错报风险产生直接影响
D. 经营风险可能对认定层次重大错报风险产生直接影响
【解析】经营风险可能对各类交易、账户余额和披露的认定层次重大错报风险或财务报表层次重大错报风险产生直接影响，因此选项C错误。
【答案】C

4. 固有风险因素

在了解被审计单位及其环境和适用的财务报告编制基础时，注册会计师还应当了解被审计单位在按照适用的财务报告编制基础编制财务报表时，固有风险因素如何影响各项认定易于发生错报的可能性。

固有风险因素是指在不考虑内部控制的情况下，导致交易类别、账户余额和披露的某一认定易于发生错报的因素。固有风险因素可能是定性或定量的，包括复杂性、主观性、变化、不确定性、管理层偏向和其他因素。

◆考点43·内部控制的基本概念

1. 定义

内部控制(internal control)是被审计单位为了合理保证财务报告的可靠性、经营的效率和效果以及对法律法规的遵守，由治理层、管理层和其他人员设计与执行的政策及程序。

2. 目标

(1)财务报告目标。指财务报告的可靠性，这一目标与管理层履行财务报告编制责任密切相关。
(2)经营目标。指经营的效率和效果。
(3)合规目标。指遵守适用的法律法规的要求。

【例2·多选·长沙理工2017】内部控制的目标是合理保证(　　)。
A. 管理层业绩达标　　　　　　　　B. 财务报告的可靠性
C. 经营的效率和效果　　　　　　　D. 遵守适用的法律法规的要求

【解析】内部控制是被审计单位为了合理保证财务报告的可靠性、经营的效率和效果以及对法律法规的遵守，由治理层、管理层和其他人员设计与执行的政策及程序。

【答案】BCD

3. 内部控制五要素

(1)内部环境(控制环境)；(2)风险评估；(3)信息与沟通(信息系统与沟通)；(4)控制活动；(5)内部监督。

4. 内部控制的责任主体

设计和实施内部控制的责任主体是被审计单位治理层、管理层和其他人员。

5. 内部控制的缺陷/局限性

内部控制无论如何有效，都只能为被审计单位实现财务报告目标提供合理保证。内部控制的固有限制包括以下几方面。

(1)在决策时人为判断可能出现错误和因人为失误导致内部控制失效。

(2)控制可能由于两个或更多的人员串通或管理层不当地凌驾于内部控制之上而被规避。

(3)人员素质不适应岗位。被审计单位内部行使控制职能的人员素质不适应岗位要求，也会影响内部控制功能的正常发挥。

(4)成本效益考虑。被审计单位实施内部控制的成本效益问题也会影响其效能，当实施某项控制成本大于控制效果而发生损失时，就没有必要设置该控制环节或控制措施。

(5)不经常发生或未预计到的业务。内部控制一般都是针对经常而重复发生的业务设置的，如果出现不经常发生或未预计到的业务，原有控制就可能不适用。

◆ 考点 44 · 内部控制的分类

分类标准	类别	内容
发挥作用的方式	直接控制	指足以精准防止、发现或纠正认定层次错报的内部控制。信息与沟通、控制活动要素中的控制多为直接控制
	间接控制	指不足以精准防止、发现或纠正认定层次错报的内部控制。内部环境、风险评估、内部监督要素中的控制多为间接控制
发挥作用的层面	整体层面控制	对被审计单位整体层面产生影响的控制，例如内部环境
	业务层面控制	对被审计单位业务层面产生影响的控制，例如对工薪、销售和采购等交易的控制

续表

分类标准	类别	内容
运行的方式	人工控制	适用于下列情况： ①存在大额、异常或偶发的交易； ②存在难以界定、预计或预测的错误情况； ③为应对情况的变化，需要对现有的自动化控制进行人工干预； ④监督自动化控制的有效性
	自动化控制	适用于下列情况： ①存在大量或重复发生的交易； ②事先可预计的或预测的错误能够通过自动化处理得以防止或发现并纠正； ③用特定方法实施的控制可得到适当设计和自动化处理
发挥作用的阶段	预防性控制	旨在防止错报发生的控制
	检查性控制	旨在发现流程中可能发生的错报的控制

【例3·单选】下列各项控制中，属于检查性控制的是（　　）。

A. 财务总监复核并批准财务经理提出的撤销银行账号的申请

B. 出纳不能兼任收入或支出的记账工作

C. 财务经理根据其权限复核并批准相关付款

D. 财务经理复核会计编制的银行存款余额调节表

【解析】选项A、B、C均属于事前控制，属于预防性控制；财务经理复核会计编制的银行存款余额调节表，属于事后控制，因此是检查性控制。

【答案】D

考点 45 · 内部控制五要素

指注册会计师分别了解被审计单位的内部控制的五个要素层面。

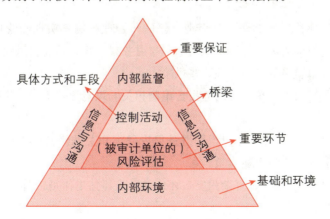

1. 内部环境（control environment）

定义	包括治理职能和管理职能，以及治理层和管理层对内部控制体系及其重要性的态度、认识和措施
要求	①防止或发现并纠正舞弊和错误是被审计单位治理层和管理层的责任； ②注册会计师应当了解控制环境，在审计业务承接阶段，就需要对内部环境作出初步了解和评价
内容	①对诚信和道德价值观念的沟通与落实； ②对胜任能力的重视； ③治理层的参与程度； ④管理层的理念和经营风格； ⑤组织结构及职权与责任的分配； ⑥人力资源政策与实务
影响	①广泛性：内部环境对重大错报风险的评估具有广泛影响； ②舞弊：不能绝对防止舞弊，但却有助于降低舞弊风险； ③错报：本身并不能防止或发现并纠正认定层次的重大错报。在评估重大错报风险时，应当将内部环境连同其他内部控制要素产生的影响一并考虑

【例4·单选·厦国会2018】以下各项中，不属于控制环境（内部环境）要素的是（　　）。

A. 对诚信和道德价值观念的沟通与落实

B. 内部审计的职能范围

C. 治理层的参与

D. 人力资源政策与实务

【解析】选项B属于内部控制要素中内部监督的内容。

【答案】B

2. 风险评估（risk assessment）

被审计单位风险评估工作的作用是识别、评估和管理影响其实现经营目标能力的各种风险。而针对财务报告目标的风险评估则包括识别与财务报告相关的经营风险，评估风险的重大性和发生的可能性，以及采取措施管理这些风险。

注册会计师为了解被审计单位与财务报告编制相关的风险评估工作，应当实施以下风险评估程序。

(1)了解被审计单位的下列工作：识别财务报告目标相关的经营风险；评估上述风险的重要程度和发生的可能性、应对上述风险。

(2)根据被审计单位的性质和复杂程度，评价其风险评估工作是否适合其具体情况。

3. 信息与沟通（information and communication）

与财务报表编制相关的信息系统由一系列的活动和政策、会计记录和支持性记录组成。与财务报表编制相关的沟通，包括使员工了解各自在与财务报告有关的内部控制方面的角色和职责，员工之间的工作联系，以及向适当级别的管理层报告例外事项的方式。

4. 控制活动（control activities）

控制活动是指有助于确保管理层的指令得以执行的政策和程序。

要素	含义
授权和批准	授权的形式通常为较高级别的管理层批准或验证，并确定交易是否有效
调节	指将两项或多项数据要素进行比较，如果发现差异，则采取措施使数据相一致
验证	将两个或多个项目互相进行比较，或将某个项目与政策进行比较，如果两个项目不匹配或者某个项目与政策不一致，则可能对其执行跟进措施
实物或逻辑控制	包括保证资产的实物安全、逻辑访问权限、定期盘点等
职责分离	指将交易授权、交易记录以及资产保管等不相容职责分配给不同员工

5. 内部监督（monitoring activities）

管理层通过持续的监督活动、单独的评价活动或两者相结合实现对内部控制体系的监督。

类型	含义
持续的监督活动	通常贯穿于被审计单位日常重复的活动中，包括常规管理和监督工作
单独的评价活动	由内部审计人员、具有类似职能的人员或利用与外部有关各方沟通或交流获取的信息，对内部控制的设计和执行进行专门评价

◆ **考点 46** · 了解被审计单位内部控制的要求

1. 了解的范围——与财务报表审计相关的控制

(1) 注册会计师应当在所有审计项目中了解内部控制。

(2) 财务报表审计的目标是对是否不存在重大错报发表审计意见，而并非对内部控制有效性发表审计意见。

(3) 注册会计师需要了解和评价的只是与审计相关的内部控制，并非被审计单位所有的内部控制。

(4) 被审计单位通常有一些与内部控制目标相关但与审计无关的控制，注册会计师无须对其加以考虑。

2. 了解的深度

对内部控制了解的深度是指在了解被审计单位及其环境时对内部控制的了解深度，包括评价控制的设计，并确定其是否得到执行，但不包括对控制是否得到一贯执行的测试。

3. 了解内部控制的程序

(1)询问被审计单位人员，但询问本身并不足以评价控制的设计和执行，注册会计师应当将询问与其他风险评估程序结合使用。

(2)观察特定控制的运用。

(3)检查文件和报告。

(4)追踪交易在财务报告信息系统中的处理过程，即穿行测试。

【注意】分析程序不适用于了解被审计单位的内部控制。

4. 了解内部控制与测试控制运行有效性的关系

除非存在某些可以使控制得到一贯运行的自动化控制，否则注册会计师对控制的了解并不足以测试控制运行的有效性。

5. 对内部控制的初步评价结论

初步评价结论	设计？	执行？
①所设计的控制单独或连同其他控制能够防止或发现并纠正重大错报，并得到执行	√	√
②控制的设计是合理的，但没有得到执行	√	×
③控制本身的设计就是无效的或缺乏必要的控制	×	N/A

第三节 识别和评估重大错报风险

◆考点47·识别和评估两个层次的重大错报风险

1. 总体要求

注册会计师应当利用了解获得的信息，判断确定某风险因素与财务报表整体存在广泛的联系，并可能影响多项认定，进而识别该风险属于财务报表层次重大错报风险，还是与财务报表整体不存在广泛联系，进而识别该风险为认定层次重大错报风险。

另外，由于重大错报风险是固有风险和控制风险共同作用的结果，因此，注册会计师在评估重大错报风险时，应当考虑相关控制的影响(控制风险)。

2. 两个层次的重大错报风险

层次	特点	举例
财务报表层次	①与财务报表整体广泛相关，进而影响多项认定； ②会增大认定层次发生重大错报的可能性； ③可分别或一起评估固有风险和控制风险	控制环境薄弱、管理层凌驾于内部控制之上、缺乏诚信等引发的舞弊风险、对持续经营能力产生重大疑虑的事项
认定层次	①与特定的交易、账户余额和披露相关； ②应分别评估固有风险和控制风险； ③若不做控制测试，则应将固有风险的评估结果作为重大错报风险的评估结果	复杂的联营或合资、重大的关联方交易等

【例5·多选】下列情形中，通常表明可能存在财务报表层次重大错报风险的有( )。

A. 被审计单位财务人员不熟悉会计准则

B. 被审计单位频繁更换财务负责人

C. 被审计单位内部控制环境薄弱

D. 被审计单位投资了多家联营企业

【解析】被审计单位存在复杂的联营或合资，这一事项表明长期股权投资账户的认定可能存在重大错报风险。

【答案】ABC

【例6·单选】下列各项中，属于认定层次重大错报风险的是( )。

A. 被审计单位治理层和管理层不重视内部控制

B. 被审计单位管理层凌驾于内部控制之上

C. 被审计单位大额应收账款可收回性具有高度不确定性

D. 被审计单位所处行业陷入严重衰退

【解析】应收账款是资产负债表项目中的，因此属于认定层次重大错报风险。而选项A、B、D均包含在整个被审计单位中，无法细致归类于某报表某项目中，因此属于财务报表层次重大错报风险。

【答案】C

3. 评估固有风险等级

注册会计师应使用错报发生的可能性和重要程度综合起来的影响程度，确定固有风险等级。综合起来的影响程度越高，评估的固有风险等级越高。

评估的固有风险等级较高也可能是错报发生的可能性和重要程度的不同组合导致的，即评估的固有风险等级较高，并不意味着评估的错报发生的可能性和重要程度都较高。

◆ 考点 48 · 特别风险

定义	指注册会计师识别出的符合下列特征之一的重大错报风险： ①根据固有风险因素对错报发生的可能性和错报的严重程度的影响，注册会计师将固有风险评估为达到或接近固有风险等级的最高级（上限）； ②根据其他审计准则的规定，注册会计师应当将其作为特别风险
考虑因素	以下事项可能导致注册会计师评估认为重大错报风险具有较高的固有风险等级，进而将其确定为特别风险： ①交易具有多种可接受的会计处理，因此涉及主观性； ②会计估计具有高度不确定性或模型复杂； ③支持账户余额的数据收集和处理较为复杂； ④账户余额或定量披露涉及复杂的计算； ⑤对会计政策存在不同的理解； ⑥被审计单位业务的变化涉及会计处理发生变化，如合并和收购。 【注意】在判断哪些风险是特别风险时，注册会计师不应考虑识别出的控制对相关风险的抵消效果
100%确定的错报风险	舞弊、管理层凌驾于内部控制之上、超出正常经营过程的重大关联方交易
对注册会计师的要求	①对特别风险，注册会计师应当评价相关控制的设计情况，并确定其是否已经得到执行； ②如果管理层未能实施控制以恰当应对特别风险，注册会计师应当认为内部控制存在重大缺陷，并考虑其对风险评估的影响。在此情况下，注册会计师应当就此类事项与治理层沟通

【例7·判断·央财2016】注册会计师应将客户管理层凌驾于控制之上的风险确定为财务报告舞弊导致的特别风险。（　　）

【解析】管理层凌驾于控制之上的风险属于特别风险

【答案】√

【例8·多选】下列各项中，注册会计师应当评估为存在特别风险的有（　　）。

A. 收入确认

B. 管理层可能凌驾于控制之上

C. 超出正常经营过程的重大关联方交易

D. 具有高度估计不确定性的重大会计估计

【解析】注册会计师可以直接基于被审计单位收入确认存在舞弊风险的假定，但不应当将该风险归为特别风险，选项 A 错误；管理层凌驾于控制之上的风险属于特别风险，选项 B 正确；注册会计师应当将识别出的、超出被审计单位正常经营过程的重大关联方交易导致的风险确定为特别风险，选项 C 正确；针对具有高度估计不确定性的重大会计估计，注册会计师需要根据职业判断确认是否会导致特别风险，所以选项 D 错误。

【答案】BC

◆ 考点 49 · 两种特殊情形的处理

1. 仅通过实质性程序无法应对的重大错报风险

在被审计单位对日常交易采用高度自动化处理的情况下，审计证据可能仅以电子形式存在，其充分性和适当性通常取决于自动化信息系统相关控制的有效性，注册会计师仅通过实施实质性程序可能难以获取充分、适当的审计证据。注册会计师应当根据相关审计准则的规定，对相关控制的设计和执行进行了解和测试。

2. 对重大交易类别、账户余额和披露的考虑

如果能够合理预期，某类交易、账户余额和披露中信息的遗漏、错误陈述或含糊表达，可能影响财务报表使用者依据财务报表整体作出的经济决策，则通常认为该类交易账户余额和披露是重大的。如果注册会计师未将重大交易类别、账户余额和披露确定为"相关交易类别、账户余额和披露"，则应当评价这样做是否适当。

◆ 考点 50 · 风险评估的修正

风险评估可能随着审计过程中不断获取审计证据而作出相应变化，评估重大错报风险与了解被审计单位及其环境等方面一样，是一个连续和动态地收集、更新与分析信息的过程，贯穿于整个审计过程的始终。

第四节　针对财务报表层次重大错报风险的总体应对措施

◆ 考点 51 · 总体应对措施

(1) 向审计项目组强调保持职业怀疑的必要性。
(2) 指派更有经验或具有特殊技能的审计人员，或利用专家工作。
(3) 提供更多的督导。

(4) 在选择拟实施的进一步审计程序时融入更多的不可预见的因素，具体内容如下。

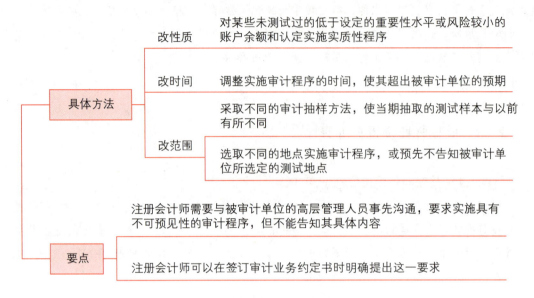

(5) 对拟实施审计程序的性质、时间安排或范围作出总体修改，具体内容如下。

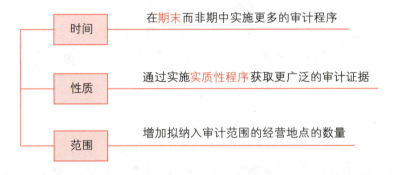

【例9·单选·央财2016】对于舞弊导致的重大错报风险，下列审计程序中，注册会计师认为通常不可以增强审计程序不可预见性的是（ ）。

　　A. 在事先不通知被审计单位的情况下，选择以前未曾到过的存货存放地点实施监盘
　　B. 运用不同的抽样方法选择需要检查的存货
　　C. 在应收账款函证时对账龄较长的应收账款进行函证
　　D. 向以前审计过程中接触不多的被审计单位员工询问存货采购和销售情况

【解析】C项属于被审计单位能够事先预见注册会计师很可能实施的审计程序。
【答案】C

【例10·单选·厦国会2018】以下各项措施中，不能应对财务报表层次的重大错报风险的是（ ）。

　　A. 在期末而非期中实施更多的审计程序
　　B. 扩大控制测试的范围
　　C. 增加拟纳入审计范围的经营地点的数量

D. 增加审计程序的不可预见性

【解析】扩大控制测试的范围不能应对财务报表层次的重大错报风险，比如财务报表层次的重大错报风险可能是来源于薄弱的控制环境，那么此时如果不打算信赖内部控制，不会实施控制测试，也不存在扩大控制测试的范围，所以选项B无法应对财务报表层次的重大错报风险。

【答案】B

◆考点52 · 总体应对措施对进一步程序总体方案的影响

注册会计师评估的财务报表层次重大错报风险以及采取的总体应对措施，对拟实施的进一步审计程序的总体审计方案具有重大影响。拟实施进一步审计程序的总体审计方案包括实质性方案和综合性方案。

当评估的财务报表层次重大错报风险属于高风险水平时，拟实施进一步审计程序的总体方案往往更倾向于实质性方案。

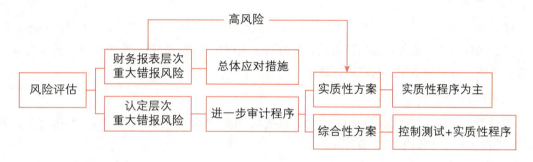

第五节 针对认定层次重大错报风险的进一步审计程序

◆考点53 · 进一步审计程序

1. 含义

进一步审计程序相对于风险评估程序而言，是指注册会计师针对认定层次重大错报风险而实施的审计程序，包括控制测试和实质性程序。

2. 选择审计方案的要求

(1) 通常情况下，注册会计师出于成本效益的考虑，可以采用综合性方案设计进一步审计程序。

(2) 但在仅通过实质性程序无法应对重大错报风险时，注册会计师必须实施控制测试。

(3) 某些情况，如注册会计师的风险评估程序未能识别出与认定相关的任何控制，或注册会计师认为控制测试很可能不符合成本效益原则，可能仅实施实质性程序就是适当的。

(4) 无论选用实质性方案还是综合性方案，都应当对所有重大的各类交易、账户余额和披露设计和实施实质性程序。

3. 性质

进一步审计程序的性质是指进一步审计程序的目的和类型。控制测试和实质性程序的目的和类型如下。

控制测试	目的	确定内部控制有效性
	类型	询问、观察、检查、重新执行
实质性程序	目的	发现认定层次的重大错报
	类型	询问、观察、检查、函证、重新计算、分析程序

【提示】如果在实施进一步审计程序时，拟利用被审计单位信息系统生成的信息，注册会计师应当就信息的准确性和完整性获取审计证据。

4. 时间

1) 基本考虑

注册会计师评估的重大错报风险较高时，应当考虑在期末或接近期末实施实质性程序，或采用不通知的方式，或在管理层不能预见的时间实施审计程序。如果在期中实施了进一步审计程序，还应当针对剩余期间获取审计证据。

2) 考虑因素

包括控制环境、何时能得到相关信息、错报风险的性质、审计证据适用的期间或时点、编制财务报表（尤其是某些披露）的时间。

5. 范围

是指实施进一步审计程序的数量，包括抽取的样本量、对某项控制活动的观察次数等。确定进一步审计程序的范围时，注册会计师应当考虑下列因素。

因素	与范围的变动关系
确定的重要性水平	反向
评估的重大错报风险	同向
计划获取的保证程度	同向

第六节 控制测试

◆ 考点 54 · 控制测试的含义与要求

1. 含义

控制测试（tests of controls）是指用于评价内部控制在防止或发现并纠正认定层次重大错报

方面的运行有效性的审计程序。

2. 要求（什么时候做？）

控制测试并非在任何情况下都需要实施。当存在下列情形之一时，应当实施控制测试：

（1）在评估认定层次重大错报风险时，预期控制运行有效（设计√＋执行√，预计控制能够防止、发现并纠正认定层次的重大错报）；

（2）仅实施实质性程序不足以提供认定层次充分、适当的审计证据（高度自动化处理，审计证据可能仅以电子形式存在）。

【例 11·判断·东北石油】控制测试是指用于评价内部控制在防止或发现并纠正认定层次重大错报方面的运行有效性的审计程序。（　　）

【答案】√

3. 控制测试与了解内部控制的区别与联系

1）区别

要点	了解内部控制	控制测试
程序所属的类型	属于风险评估程序	属于进一步审计程序
内容和目的	①评价控制的设计 ②确定控制是否得到执行	①控制在所审计期间的相关时点是如何运行的 ②控制是否得到一贯执行（强调控制能够在各个不同时点按照既定设计得以一贯执行） ③控制由谁或以何种方式执行
样本量	只需抽取少量的交易进行检查或观察某几个时点	需要抽取足够数量的交易进行检查或对多个不同时点进行观察
程序	询问、观察、检查、穿行测试	询问、观察、检查、重新执行
必要性	必要程序	非必要程序

2）联系

在对内部控制取得了解的过程中进行穿行测试等会获取有关内部控制运行的证据，可作为控制测试的证据；了解内部控制通常可以决定是否需要执行控制测试，以及所需要执行的控制测试的性质、时间安排和范围。

◆ 考点 55·控制测试的性质

控制测试的性质是指控制测试所使用的审计程序的类型及其组合。计划从控制测试中获取的保证水平是决定控制测试性质的主要因素之一。

1. 采用审计程序的类型

程序	说明
询问	仅通过询问不能为控制运行的有效性提供充分的证据；询问本身不足以测试控制运行的有效性，必须和其他测试手段结合使用才能发挥作用
观察	①观察是测试不留下书面记录的控制（如职责分离）的运行情况的有效方法；②通过观察直接获取的直接证据比间接获取的证据更可靠（链接第二章）；③观察提供的证据仅限于观察发生的时点，要考虑所观察到的控制在注册会计师不在场时可能未被执行的情况
检查	适用于对运行情况留有书面证据的控制
重新执行	如果需要进行大量的重新执行，注册会计师就要考虑通过实施控制测试以缩小实质性程序的范围是否有效率

【例12·判断·央财2016】注册会计师在实施控制测试时可以采用观察、检查、重新计算和重新执行等审计程序。（　　）

【解析】控制测试采用的审计程序有询问、观察、检查和重新执行。重新计算不属于控制测试中运用的程序。

【答案】×

【例13·判断·央财2016】注册会计师可以在控制测试程序中运用分析程序。（　　）

【解析】分析程序适用于风险评估程序、实质性程序和总体复核阶段，通常在控制测试中不会运用分析程序。

【答案】×

2. 实施控制测试时对双重目的的实现

注册会计师可以考虑针对同一交易同时实施控制测试和细节测试，以实现双重目的。

3. 实施实质性程序的结果对控制测试结果的影响

实施实质性程序的结果	对控制测试的影响
①未发现某项认定存在错报	并不能说明相关的控制是有效运行的
②发现某项认定存在错报	应当考虑发现的错报对评价相关控制运行有效性的影响，如降低对相关控制的信赖程度、调整实质性程序的性质、扩大实质性程序的范围等
③发现被审计单位没有识别出的重大错报	通常表明内部控制存在重大缺陷，应当就这些缺陷与管理层和治理层进行沟通

【例14·单选】下列有关控制测试性质的说法中，错误的是(　　)。
A. 对留有书面证据的控制，检查比观察更加适用
B. 通常情况下，注册会计师通过观察直接获取的证据不如间接获取的证据可靠
C. 注册会计师向被审计单位员工询问可以获取与内部控制运行情况相关的信息
D. 将询问与检查或重新执行结合使用，可能比仅实施询问和观察更有效地降低检查风险
【解析】通常情况下，注册会计师通过观察直接获取的证据比间接获取的证据更可靠，选项B不恰当。
【答案】B

◆ 考点56 · 控制测试的时间

1. 基本思路

对于控制测试，在期中实施此类程序具有更积极的作用。但是，即使已获取有关控制在期中运行有效性的审计证据，仍然需要考虑如何能够将控制在期中运行有效性的审计证据合理延伸至期末，针对期中至期末这段剩余期间获取充分、适当的审计证据。

审计程序	考虑因素	说明
获取这些控制在剩余期间发生重大变化的审计证据	控制在剩余期间的变化情况	①没有变化，可能决定信赖期中获取的审计证据 ②发生了变化，需要了解并测试控制的变化对期中审计证据的影响
确定针对剩余期间还需获取的补充审计证据	①评估的认定层次重大错报风险的重要程度	补充证据数量同向变动
	②在期中测试的特定控制，以及自期中测试后发生的重大变动	如由人工控制变为自动化运行的控制，要获取变化后控制运行有效性的审计证据
	③在期中对有关控制运行有效性获取的审计证据的程度	补充证据数量反向变动
	④剩余期间的长度	补充证据数量同向变动
	⑤在信赖控制的基础上拟缩小实质性程序的范围(信赖程度)	补充证据数量同向变动
	⑥控制环境	补充证据数量反向变动

2. 如何考虑以前审计获取的审计证据

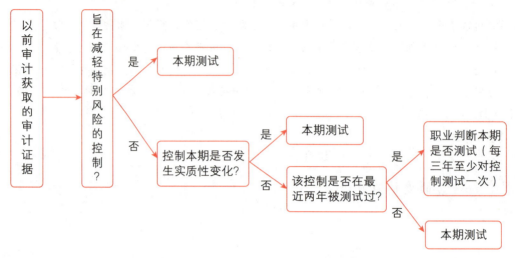

▲考虑以前审计获取的审计证据思路 图

1)考虑是否为旨在减轻特别风险的控制

注册会计师首先应该关注该项控制是否属于旨在减轻特别风险的控制，如是，无论控制本期是否发生变化，都不应依赖以前审计获取的证据，而是在本期进行测试。

2)考虑控制是否发生变化

如果不属于旨在减轻特别风险的控制，注册会计师应当进一步关注该项控制自上次测试后是否发生变化。如发生重大变化，则不应依赖以前审计获取的证据；如未发生变化或未发生重大变化，应每三年至少控制测试一次。另外，注册会计师应当<u>在每次审计时从中选取</u>足够数量的控制，测试其运行有效性；<u>不应</u>将所有拟信赖控制的测试<u>集中于某一次审计</u>，而在之后的两次审计中不进行任何测试。

3)特别考虑

某些因素的存在（如被审计单位控制环境薄弱），<u>可能</u>导致注册会计师缩短两次测试的间隔期，但不必然导致无法信赖以前审计获取的审计证据。

【例15·多选】注册会计师不应利用以前年度获取的有关控制运行有效性的审计证据的有（　　）。

A. 注册会计师拟旨在减轻特别风险的控制
B. 控制在过去两年审计中未经测试
C. 控制在本年发生重大变化
D. 被审计单位的控制环境薄弱

【解析】当被审计单位的控制环境薄弱时，注册会计师应当缩短两次测试的间隔期或完全不信赖以前审计获取的审计证据，在前者的情况下，注册会计师仍利用以前年度获取的有关控制运行有效性的审计证据。

【答案】ABC

考点 57 · 控制测试的范围

1. 含义

控制测试的范围是指针对某项控制活动的测试次数。

2. 考虑因素

考虑因素	变动关系
①被审计单位执行控制的频率	同向
②拟信赖控制运行有效性的时间长度	同向
③控制的预期偏差	同向/无效
④通过测试与认定相关的其他控制获取的证据的范围	反向
⑤拟获取的有关认定层次控制运行有效性的证据的相关性和可靠性	反向

第七节 实质性程序

考点 58 · 实质性程序的含义和要求

1. 含义

(1)实质性程序(substantive procedures)是指用于发现认定层次重大错报的审计程序,包括对各类交易、账户余额和披露的细节测试以及实质性分析程序。

(2)实质性程序还应当包括下列与财务报表编制完成阶段相关的审计程序:

①将财务报表中的信息与其所依据的会计记录进行核对或调节;

②检查财务报表编制过程中做出的重大会计分录和其他调整。

2. 要求

1)一般要求

由于注册会计师对重大错报风险的评估是一种判断,可能无法充分识别所有的重大错报风险,并且由于内部控制存在固有局限性,无论评估的重大错报风险结果如何,注册会计师都应当针对所有重大类别的交易、账户余额和披露实施实质性程序。

2)针对特别风险的要求

(1)如果认为评估的认定层次重大错报风险是特别风险,注册会计师应当专门针对该风险实施**实质性程序**。

(2)如果针对特别风险的程序仅为实质性程序,这些程度**应当包括细节测试**,或将细节测试和实质性分析程序结合使用,以获取充分、适当的审计证据。

针对特别风险可能实施的审计程序组合

组合类型	控制测试	实质性程序		是否可行
		细节测试	实质性分析程序	
A	√	√	√	是
B	√	√	×	是
C	√	×	√	是
D	√	×	×	否
E	×	√	√	是
F	×	√	×	是
G	×	×	√	否

◆ 考点 59 · 实质性程序的性质

实质性程序的性质,是指实质性程序的**类型**及其组合。它包括两种类型:细节测试和实质性分析程序。

要点	细节测试(test of details)	实质性分析程序(substantive analytical procedures)
含义	对各类交易、账户余额和披露的具体细节进行测试,目的在于直接识别财务报表认定是否存在错报	通过研究数据间关系评价信息,以识别相关认定是否存在错报
适用性	获取**认定相关**的审计证据,尤其是对存在、发生、准确性、计价和分摊认定的测试	一段时间内存在**可预期关系**的**大量**交易
程序	检查、询问、观察、函证、重新计算	分析程序

【例16·多选·央财2016】以下所列各项中,( )属于注册会计师实施分析程序的主要目的。

A. 用作风险评估程序，以了解被审计单位及其环境
B. 用作控制测试程序，以证实控制运行的有效性
C. 用作实质性程序将检查风险降至可接受的低水平
D. 在审计结束或临近结束时对财务报表进行总体复核

【解析】通常在控制测试中不会运用分析程序。
【答案】ACD

◆ 考点 60 · 实质性程序的时间

实质性程序的时间需要考虑两个关键性问题：在期中还是在期末实施实质性程序；是否可以利用以前期间证据。

1. 如何考虑是否在期中实施实质性程序

考虑因素	说明
①控制环境和其他相关的控制	控制越薄弱，越不宜在期中实施
②实施审计程序所需信息在期中之后的可获得性	如果在期中之后可能难以获取，应考虑在期中实施
③实质性程序的目的	如果目的就包括获取该认定的期中审计证据（从而与期末比较），应在期中实施
④评估的重大错报风险	评估的某项认定的重大错报风险越高，越应当考虑将实质性程序集中于期末或接近期末实施
⑤特定类别交易或账户余额以及相关认定的性质	某些交易或账户余额以及相关认定的特殊性质决定了必须在期末或接近期末实施，如收入截止认定、未决诉讼
⑥针对剩余期间，能否通过实施实质性程序或将实质性程序与控制测试相结合，降低期末存在错报而未被发现的风险	如果较有把握降低期末存在错报而未被发现的风险，可以考虑在期中实施实质性程序

2. 将期中审计结论合理延伸至期末

如果在期中实施了实质性程序，注册会计师应当针对剩余期间实施进一步的实质性程序，或将实质性程序和控制测试结合使用。对于舞弊导致的重大错报风险，为将期中得出的结论延伸至期末而实施的审计程序通常是无效的，注册会计师应当考虑在期末或接近期末实施实质性程序。

3. 如何考虑以前审计获取的审计证据

(1)通常对本期只有很弱的证据效力或没有证据效力，不足以应对本期的重大错报风险；

(2)只有当以前获取的审计证据及相关事项未发生重大变动时，以前的审计证据才可能用做本期的有效审计证据；

(3)如果拟利用以前审计中获取的审计证据，应当在本期实施审计程序，以确定这些审计证据是否具有持续相关性。

【例17·判断·东北石油】如果在期中实施了实质性程序，注册会计师应当针对剩余期间实施进一步的实质性程序，或将实质性程序和控制测试结合使用，以将期中测试得出的结论合理延伸至期末。（　　）

【答案】√

【例18·单选】下列有关实质性程序时间安排的说法中，错误的是（　　）。

A. 控制环境和其他相关的控制越薄弱，注册会计师越不宜在期中实施实质性程序

B. 注册会计师评估的某项认定的重大错报风险越高，越应当考虑将实质性程序集中在期末或接近期末实施

C. 如果实施实质性程序所需信息在期中之后难以获取，注册会计师应考虑在期中实施实质性程序

D. 如果在期中实施了实质性程序，注册会计师应当针对剩余期间实施控制测试，以将期中测试得出的结论合理延伸至期末

【解析】如果在期中实施了实质性程序，注册会计师应当针对剩余期间实施进一步的实质性程序（而不是控制测试），或将实质性程序和控制测试结合使用，以将期中测试得出的结论合理延伸至期末。因此，选项D所述"做控制测试"是不恰当的。

【答案】D

◆ 考点61 · 实质性程序的范围

确定实质性程序的范围时，应当考虑以下因素：

(1)评估的认定层次重大错报风险：同向变动；

(2)实施控制测试的结果：不满意，则需要考虑扩大实质性程序范围。

佳姐翻译

在第二章，我们学习到审计程序有7种：检查、观察、询问、函证、重新计算、重新执行和分析程序。在本章，我们又学习了风险评估程序、进一步审计程序。而进一步审计程序里，又学习了控制测试、实质性程序；实质性程序里还学习了细节测试和实质性分析

程序。那么，这么多种程序之间有何关系呢？实际上，本章所学程序属于宏观上的"大程序"，而第二章所学程序属于微观上的"小程序"，"大程序"的实现依赖于"小程序"的执行。

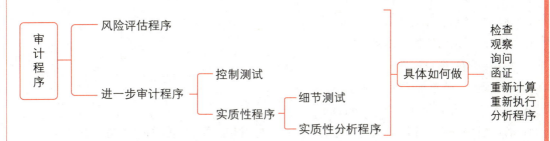

程序	风险评估	控制测试	实质性程序
检查	√	√	√
观察	√	√	√
询问	√	√	√
函证	×	×	√
重新计算	×	×	√
重新执行	×	√	×
分析程序	√	×	√

真题精练

一、单项选择题

1. 下列有关与审计相关的控制的说法中，正确的是(　　)。
   A. 与财务报告有关的控制均与审计相关
   B. 与经营有关的控制均与审计无关
   C. 与合规有关的控制可能与审计有关
   D. 与经营有关的控制均与审计相关

2. 下列有关了解被审计单位及其环境的说法中，正确的是(　　)。
   A. 注册会计师无须在审计完成阶段了解被审计单位及其环境
   B. 注册会计师对被审计单位及其环境了解的程度，低于管理层为经营管理企业而对被审计单位及其环境需要了解的程度

C. 对小型被审计单位，注册会计师可以不了解被审计单位及其环境

D. 注册会计师对被审计单位及其环境了解的程度，取决于会计师事务所的质量管理政策

3. 在实施风险评估程序时，下列注册会计师应当了解的方面中，同时涉及外部因素和内部因素的是（　　）。

　　A. 组织结构、所有权和治理结构

　　B. 适用的财务报告编制基础

　　C. 被审计单位内部控制体系各要素

　　D. 财务业绩的衡量标准

4. 下列各项中，属于预防性控制的是（　　）。

　　A. 财务主管定期盘点现金和有价证券

　　B. 管理层分析评价实际业绩与预算的差异，并针对超过规定金额的差异调查原因

　　C. 董事会复核并批准由管理层编制的财务报表

　　D. 由不同的员工负责职工薪酬档案的维护和职工薪酬的计算

5. 下列各项中，注册会计师在确定特别风险时不需要考虑的是（　　）。

　　A. 潜在错报的重大程度

　　B. 控制对相关风险的抵销效果

　　C. 错报发生的可能性

　　D. 风险的性质

6. 下列有关控制对评估重大错报风险的影响的说法中，错误的是（　　）。

　　A. 上年度审计中是否发现控制缺陷会影响注册会计师对重大错报风险的评估结果

　　B. 控制是否得到执行不会影响注册会计师对重大错报风险的评估结果

　　C. 控制运行有效性的测试结果会影响注册会计师对重大错报风险的评估结果

　　D. 控制在所审计期间内是否发生变化会影响注册会计师对重大错报风险的评估结果

7. （央财2016）下列做法中，不可以提高审计程序的不可预见性的有（　　）。

　　A. 针对销售收入和销售退回延长截止测试期间

　　B. 向以前没有询问过的被审计单位员工询问

　　C. 对以前通常不测试的金额小的项目实施实质性程序

　　D. 对被审计单位银行存款年末余额实施函证

8. 下列有关控制风险的说法中，正确的是（　　）。

　　A. 注册会计师拟测试控制运行有效性的情况下，应当评估控制风险

　　B. 注册会计师拟不测试控制运行有效性的情况下，应当将控制风险的评估结果作为重大错报风险的评估结果

　　C. 在确定特别风险时，注册会计师通常首先识别和评估控制风险等级较高的重大错报风险

　　D. 在评估认定层次重大错报风险时，注册会计师应当将控制风险与固有风险合并评估

二、多项选择题

1. 下列有关注册会计师了解内部控制的说法中，正确的有（　　）。

　　A. 注册会计师在了解被审计单位内部控制时，应当确定其是否得到一贯执行

B. 注册会计师不需要了解被审计单位所有的内部控制

C. 注册会计师对内部控制的了解通常不足以测试控制运行的有效性

D. 注册会计师询问被审计单位人员不足以评价内部控制设计的有效性

2. 下列各项中，通常可能导致财务报表层次重大错报风险的有（　　）。

　　A. 被审计单位新聘任的财务总监缺乏必要的胜任能力

　　B. 被审计单位的长期资产减值准备存在高度的估计不确定性

　　C. 被审计单位管理层缺乏诚信

　　D. 被审计单位的某项销售交易涉及复杂的安排

3. 在识别出被审计单位的特别风险后，采取的下列应对措施中，正确的有（　　）。

　　A. 将特别风险所影响的财务报表项目与具体认定相联系

　　B. 对于管理层应对特别风险的控制，无论是否信赖，都需要进行了解

　　C. 应当专门针对识别的特别风险实施实质性程序

　　D. 对于管理层应对特别风险的控制，无论是否信赖，都需要进行测试

4. 下列各项中，属于内部控制的固有局限性的有（　　）。

　　A. 人为决策失误导致内部控制失效

　　B. 管理层凌驾于内部控制之上

　　C. 行使控制职能的人员素质不适应岗位要求

　　D. 实施内部控制的成本效益权衡

三、案例题

1.（浙江财经2017、中国地质大学（武汉）2021）ABC会计师事务所首次接受委托，审计上市公司甲公司2016年度财务报表，委派A注册会计师担任项目合伙人。A注册会计师确定财务报表整体的重要性为1 200万元。甲公司主要提供快递物流服务。

资料一：A注册会计师在审计工作底稿中记录了所了解的甲公司情况及其环境，部分内容摘录如下。

(1)2016年3月，甲公司股东大会批准一项利润分享计划。如2016年度实现净利润较上年度增长20%以上，按净利润增长部分的10%给予管理层奖励。

(2)2015年6月，甲公司开始经营航空快递业务，以经营租赁方式租入2架飞机，租期五年。管理层按实际飞行小时和预计每飞行小时维修费率计提租赁期满退租时的大修费用。2016年1月起，甲公司航空运输服务降价40%，业务出现爆发式增长。

(3)2016年9月，甲公司出资500万元与非关联方乙公司共同投资设立丙公司，持有其45%股权，并按持股比例享有其净资产。丙公司的重大生产经营和财务决策须由股东双方共同作出。甲公司将丙公司作为合营企业核算。

(4)2016年4月，甲公司推出加盟营运模式。一次性收取加盟费50万元，提供五年加盟期间的培训和网络服务。2016年度甲公司共收到加盟费3 000万元。

(5)2016年6月，甲公司向丁公司预付1 000万元用于某部电影拍摄，不享有收益权和版权。丁公司承诺在该电影中植入三分钟甲公司广告，如该电影不能上映，全额退款。2017年1月，该电影已取得发行放映许可证，将于2017年春节上映。

资料二：A 注册会计师在审计工作底稿中记录了甲公司的财务数据，部分内容摘录如下。

金额单位：万元

项目	未审数 2016 年	已审数 2015 年
营业收入——航空运输收入	32 000	8 000
营业收入——加盟费收入	3 000	0
投资收益——丙公司	30	0
净利润	19 500	16 000
预付款项——丁公司	1 000	0
应付职工薪酬——管理层利润分享	350	0
长期应付款——退租大修费用	2 400	600

要求：针对资料一第(1)至(5)项，结合资料二，假定不考虑其他条件，逐项指出资料一所列事项是否可能表明存在重大错报风险。如果认为可能表明存在重大错报风险，简要说明理由。如果认为该风险为认定层次重大错报风险，说明该风险主要与哪些财务报表项目(仅限于应收账款、预付款项、合同负债、应付职工薪酬、长期应付款、营业收入、营业成本、销售费用、投资收益)的哪些认定相关(不考虑税务影响)。将答案直接填入答题区的相应表格内。

事项序号	是否可能表明存在重大错报风险(是/否)	理由	财务报表项目名称及认定
(1)			
(2)			
(3)			
(4)			
(5)			

2.(东北石油 2023、山东财经 2023)上市公司甲公司是 ABC 会计师事务所的常年审计客户，主要从事汽车的生产和销售。A 注册会计师负责审计甲公司 2017 年度财务报表，确定财务报表整体的重要性为 1 000 万元，明显微小错报的临界值为 30 万元。

资料一：

A 注册会计师在审计工作底稿中记录了所了解的甲公司情况及其环境，部分内容摘录如下。

(1)2017 年，在钢材价格及劳动力成本大幅上涨的情况下，甲公司通过调低主打车型的价格，保持了良好的竞争力和市场占有率。

(2)自 2017 年 1 月起，甲公司将产品质量保证金的计提比例由营业收入的 3% 调整为 2%。

(3)2017年12月31日，甲公司以1亿元购入丙公司40%股权。根据约定，甲公司按持股比例享有丙公司自评估基准日2017年6月30日至购买日的净利润。

(4)2017年12月，甲公司与非关联方丁公司签订意向书，以3 000万元价格向其转让一批旧设备。2018年1月，该交易获得批准并完成交付。

资料二：

A注册会计师在审计工作底稿中记录了甲公司的财务数据，部分内容摘录如下。

金额单位：万元

项目	未审数 2017年	已审数 2016年
营业收入	100 000	95 000
营业成本	89 000	84 500
销售费用——产品质量保证	2 000	2 850
投资收益——权益法核算(丙公司)	1 200	0
其他收益——互联网汽车项目补助	1 800	0
持有待售资产——拟销售给丁公司的设备	4 200	0
长期股权投资——丙公司	11 200	0
无形资产——互联网汽车开发项目	4 000	0

要求：针对资料一第(1)至(4)项，结合资料二，假定不考虑其他条件，逐项指出资料一所列事项是否可能表明存在重大错报风险。如果认为可能表明存在重大错报风险，简要说明理由，并说明该风险主要与哪些财务报表项目的哪些认定相关(不考虑税务影响)。

3.(财科所2021)甲公司是一家制造业上市公司，W会计师事务所承担了该公司2020年度财务报表的审计工作，委派A注册会计师具体负责。现有部分审计资料如下。

(1)甲公司一项新技术取得重要突破，因此获得政府研发补助3 000万元，于12月将相关开发支出转入无形资产。

(2)甲公司推出加盟商运营模式，一次性收取加盟费30万元，承诺提供5年相关培训和网络服务，本年度收取加盟费1 200万元。

(3)受疫情影响，自2020年4月起，将产品质量保证金由3%调整为2%。

(4)甲公司每年需要向母公司支付商标使用费200万元，2020年受疫情影响，母公司豁免50%。

要求：请说明上述(1)至(4)项是否存在重大错报风险，简要说明理由，如果存在风险，可能影响哪些具体财务报表项目的认定？

4.(河南财经政法大学2021)上市公司甲公司是XYZ会计师事务所的常年审计客户，主要从事建筑辅料生产销售。A注册会计师负责审计甲公司2020年财务报表，获得以下资料。

资料一：

(1)受新冠疫情影响，2020年甲公司产品销售价格维持现状，但原材料、运输及劳动力成本上涨导致产品单位成本比上年上升了15%。

(2)甲公司受宏观经济环境影响，出现产能过剩、期末产品滞销的情况。

(3)2020年度，受整体经济下滑影响，本行业上市公司经济效益出现明显下滑。

资料二：A注册会计师记录部分财务数据如下。

金额单位：万元

年份	2020年度(未审数)	2019年度(已审数)
营业收入	6 000	5 800
营业成本	4 680	4 640
存货	6 200	2 600
存货跌价准备	155	150
净利润	510	480

请回答以下问题：

(1)在整个行业经济效益下滑的情况下，上市公司甲账面利润出现小幅上涨，你认为可能的原因有哪些？

(2)结合资料一和资料二，假定不考虑其他条件，逐项判断营业收入、营业成本、存货及存货跌价准备是否可能存在重大错报风险，指出重大错报风险与财务报表项目的哪些认定相关，并阐述理由。

5.(河南财经政法 2023)公司主要从事小型电子消费品的生产和销售，产品销售以W公司仓库为交货地点。W公司日常交易采用自动化信息系统(以下简称系统)和手工控制相结合的方式进行。系统自20×6年以来没有发生变化。W公司产品主要销售给国内各主要城市的电子消费品经销商。A和B注册会计师负责审计W公司20×7年度财务报表。

资料一：A和B注册会计师在审计工作底稿中记录了所了解的W公司及其环境的情况，部分内容摘录如下。

(1)在20×6年度实现销售收入增长10%的基础上，W公司董事会确定的20×7年销售收入增长目标为20%。W公司管理层实行年薪制，总体薪酬水平根据上述目标的完成情况上下浮动。W公司所处行业20×7年的平均销售增长率是12%。

(2)W公司财务总监已为W公司工作超过6年，于20×7年9月劳动合同到期后被W公司的竞争对手高薪聘请。由于工作压力大，W公司会计部门人员流动频繁，除会计主管服务期超过4年外，其余人员的平均服务期少于2年。

(3)W公司的产品面临快速更新换代的压力，市场竞争激烈。为巩固市场占有率，W公司于20×7年4月将主要产品(C产品)的销售下调了8%至10%。另外，W公司在20×7年8月推出了D产品(C产品的改良型号)，市场表现良好，计划在20×8年全面扩大产量，并在

20×8年1月停止C产品的生产。为了加快资金流转，W公司于20×8年1月针对C产品开始实施新一轮的降价促销，平均降价幅度达到10%。

(4) W公司销售的产品均由经客户认可的外部运输公司实施运输，运输费由W公司承担，但运输途中风险仍由客户自行承担。由于受能源价格上涨影响，20×7年的运输单价比上年平均上升了15%，但运输商同意将运输费用结算周期从原来的30天延长至60天。

资料二：A和B注册会计师在审计工作底稿中记录了所获取的W公司财务数据，部分内容摘录如下。

金额单位：万元

项目	20×7年度		20×6年度	
	C产品	D产品	C产品	D产品
产成品	2 000	1 800	2 500	0
存货跌价准备	0		0	
主营业务收入	18 500	8 000	20 000	0
主营业务成本	17 000	5 600	16 800	0
销售费用——运输费	1 200		1 150	
利息支出	300		2	
减：利息资本化	250		25	
净利息支出	50		0	

要求：针对资料一(1)至(4)项，结合资料二，假定不考虑其他条件，请逐项指出资料一所列事项是否可能表明存在重大错报风险。如果认为存在，请简要说明理由，并分别说明该风险是属于财务报表层次还是认定层次。如果认为属于认定层次，请指出相关事项与何种交易或账户的何种认定相关。请将答案直接填入相应表格内。

事项序号	是否可能表明存在重大错报风险(是/否)	理由	层次	财务报表项目名称及认定
(1)				
(2)				
(3)				
(4)				

6. A注册会计师负责审计甲上市公司2020年度财务报表，确定财务报表整体的重要性为230万元。其他相关事项如下。

(1) 根据以往年度审计结果，甲公司针对主要业务流程(包括销售与收款、采购与付款，以及生产与薪酬等)的内部控制是有效的，因此A注册会计师决定在2020年度审计中将继续采用综合性审计方案。

(2)在实施进一步审计程序时拟利用被审计单位信息系统生成的信息,审计项目组成员就拟利用信息的准确性获取了审计证据。

(3)甲公司2020年度无形资产为880万元,A注册会计师认为重大错报风险较低,拟仅实施控制测试。

(4)甲公司2020年度多次向银行和其他企业抵押借款。为应对与财务报表披露的完整性认定相关的重大错报风险,A注册会计师决定扩大对实物资产的检查范围。

(5)审计项目组评估认为应收账款的重大错报风险较低,对甲公司2020年11月30日的应收账款余额实施了函证程序,未发现差异。2020年12月31日的应收账款余额较11月30日无重大变动。审计项目组据此认为已对年末应收账款余额的存在认定获取了充分、适当的审计证据。

(6)审计项目组成员在实施实质性程序时发现的被审计单位存在的重大错报表明其内部控制存在重大缺陷,A注册会计师就这些缺陷与管理层和治理层进行了沟通。

要求:针对事项(1)至(6),简要说明A注册会计师或审计项目组成员的做法是否恰当。如不恰当,简要说明理由。

四、名词解释

1.(财科所2018、南审2017、沈阳建筑2019)风险识别
2.(财科所2015&2016&2019、南京审计2017、沈阳建筑2019、武汉科技2020)风险评估
3.(财科所2018、南审2017、长沙理工2019、吉林财经2017、沈阳大学2020、湖北民族2020、东北石油大学2021、哈尔滨商业2021、桂林电子科技大学2018)内部控制
4.(财科所2014、哈尔滨商业2017、新疆农业大学2020)控制测试
5.(中南大学2014、财科所2016、东北石油2016、北京语言2017、广东财经2018、山东大学2018、沈阳建筑2019、广东财经2020、新疆农业2020)实质性程序(实质性测试)

五、简答题

1.(南京审计2019)简述风险评估程序的内容。
2.(贵州财经大学2017)注册会计师在审计过程中实施的风险评估程序是什么?在实施风险评估程序时具体要用到哪些程序?
3.(吉林财经2021)风险评估是什么?风险评估的作用是什么?
4.(湖北经济2014、山东大学2018、安徽财经2014、财科所2017、南审2019、广东财经2020、云南大学2020、北京工商大学2022)注册会计师应从哪些方面了解被审计单位及其环境等方面?
5.(武汉大学2019)注册会计师在对一家公司进行审计时,在了解被审计单位及其环境时应考虑的行业因素有哪些?
6.(南审2017)简述经营风险对重大错报风险的影响。
7.(北京语言2017、天津商业2019、武汉科技2020、青岛理工2022)简述内部控制的定义、目标与要素。
8.(合肥工业2020)简述内部控制的定义、内容及特点。

9. (北国会2014、桂林电子科技2020、青岛理工2022)简述内部控制的目标。
10. (西安石油2017)简述内部控制的含义。
11. (北京国家会计学院2013、北京语言大学2017、湖北经济学院2022)什么是内部控制？内部控制的基本内容有哪些？
12. (长春工业2022、北京信息科技2022、中国传媒大学2022、青岛理工2022、北国会2014、东北财经2017&2018、河南财经政法2017、北京印刷2018、广东技术师范2019、中南民族2020、桂林电子科技2020)简述内部控制的要素。
13. (财科所2016、河南财经政法2017)简述企业内部控制的定义、要素，以及各要素之间的关系。
14. (上海国家会计学院2022、中国地质大学(武汉)2021)COSO框架下内部控制包含哪些要素，请分别写出它们的概念。
15. (浙江工商2020)请从内部控制的五要素中选一项进行解释。
16. (上海立信会计金融学院2022)内部控制中控制环境的要素有哪几点？
17. (郑州航空工业管理学院2023)请举例说明内部控制五要素。
18. (武汉大学2019)注册会计师在对一家公司进行审计时，可以采取哪些措施了解公司的内部控制？
19. (西京学院2022、南京审计2019)如何了解被审计单位的内部控制？
20. (东北师范)穿行测试中运用到了哪些审计程序？
21. (安徽财经大学2022)注册会计师怎么判断内部控制的有效性？
22. (北京交通大学2021)简述控制测试的程序。
23. (华中科技2014、成都理工2020、上海立信会计金融学院2022)简述了解内部控制和控制测试的区别与联系。
24. (西北政法2021、哈尔滨商业2021)简述内部控制的缺陷。
25. (华南师范2020)从审计的角度谈谈你对内部控制的理解。
26. (湖南工商大学2021)进一步审计程序包括什么？哪一个是必须实施的？
27. (重庆大学2020)简述评价财务报表重大错报风险的手段有哪些？相应地应采取什么措施？
28. (沈阳大学2022)审计人员应当如何应对评估的重大错报风险？
29. (东北石油2020)简要说明针对财务报表层次重大错报风险的应对措施。
30. (东北财经2017&2018)简述针对认定层次的重大错报风险有哪些应对措施。
31. (北京交通2016&2021)谈谈如何在审计过程中加强不可预见性。
32. (首都经济贸易大学2021)简述重大错报风险的分类。
33. (南京农业2018)简述控制测试范围的影响因素。
34. (河北工业2020)简述实质性方案与综合性方案的区别。
35. (财科所2020、内蒙古大学2020)简述符合性测试和实质性测试(控制测试和实质性程序)。
36. (青岛理工2020)简述控制测试和细节测试对审计的影响及区别。
37. (东北师范)能否同时实施控制测试和细节测试？
38. (西京学院2022)什么情况下实施控制测试？

39.(西安工业 2020)审计中的特别风险有哪些？针对的实质性程序有哪些？

40.(广东财经 2020)在哪些情况下应该实行实质性程序？

41.(南京农业 2018)简述实质性分析程序范围的含义。

42.(东北财经 2018)实质性程序包括什么？

43.(河南大学 2022)如何考虑以前年度获取的审计信息？效用如何？

44.(东北师范)注册会计师应对舞弊导致的重大错报风险的基本思路是什么？

六、论述题

1.(南审 2017)简述实质性程序和控制测试在时间选择上的异同点。

2.(河海大学 2017)注册会计师应该采用什么审计程序，以了解被审计单位及其环境等方面？

3.(北京交通 2023)如何了解被审计单位及其环境、适用的财务报告编制基础、内部控制要素？

4.(财科所 2019)注册会计师如何防范重大错报风险？请结合你所知道的案例进行分析说明。

5.(财科所 2021)请谈谈"进一步审计程序"的含义和要求，以及设计和实施进一步审计程序应考虑的因素和总体思路。

6.(北京交通 2023)论述被审计单位内部控制和财务报表审计的关系。

05 第五章
主要业务循环的审计

考情点拨

大白话解释本章内容

　　财务报表审计方式主要有两种：一是对财务报表的每个账户余额单独进行审计，称为账户法；二是把财务报表中紧密联系的各类交易和账户余额归入同一循环中，按业务循环组织实施审计，称为循环法。由于循环法更符合被审计单位的业务流程和内部控制设计的实际情况，能够增强审计人员分工的合理性，提高审计工作的效率与效果，因此得以广泛应用。本章实际上就是对上一章风险导向审计理论的应用，通过四种主要的业务循环（销售与收款循环、采购与付款循环、生产与存货循环、货币资金循环）帮助大家更好地理解风险评估与风险应对。

本章难度 ★★★
本章重要程度 ★★

本章复习策略

　　本章学起来会感觉非常非常细碎，这不是你的问题，也不是老师的问题，更不是教材的问题，而是由审计的"实务性"决定的。本章主要以案例分析题的形式出现，会出现各种情形要你判断是否恰当。大家学习时要注意把握"先风险评估、后风险应对"的层次，并精准记忆必考细节点。

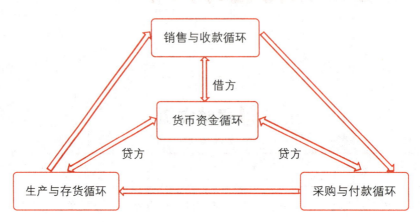

第一节 销售与收款循环的审计

◆ 考点62·销售与收款循环的业务活动和相关内部控制

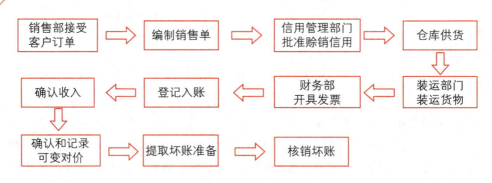

▲销售主要业务活动流程图

业务活动	相关控制活动	主要单据与会计记录	目标和相关认定
1. 接受客户订购单（销售部门）	客户订购单只有在符合企业管理层的授权标准时才能被接受	客户订购单	客户订购单有时也能为有关销售交易的"发生"认定提供补充证据

续表

业务活动	相关控制活动	主要单据与会计记录	目标和相关认定
2. 编制销售单（销售部门）	企业在批准了客户订购单之后，会编制预先编号的一式多联的销售单	销售单	①销售单是证明销售交易的"发生"认定的凭据之一，也是销售交易轨迹的起点之一；②连续编号和"完整性"认定相关
3. 批准赊销信用（信用销售部门）	①老客户：由信用管理部门根据赊销政策在每个客户的已授权的信用额度内进行赊销审批；②新客户：通常进行信用调查；③无论是否批准赊销，都要求信用管理部门人员在销售单上签署意见 销售应当与执行赊销信用检查职责分离	经赊销审批的销售单	设计信用批准控制的目的是降低坏账风险，故该控制与应收账款账面余额的"准确性、计价和分摊"认定有关
4. 根据销售单编制出库单并发货（仓库）	仓库管理人员只有在收到经过批准的销售单时才能编制出库单并供货（防止擅自发货） 信息系统在销售单得到发货批准后生成连续编号的出库单，并与销售单核对一致	出库单	①出库单是证明销售交易的"发生"认定的凭据之一；②防止仓库在未经授权的情况下擅自发货，与存货的"存在"认定相关 连续编号的出库单与销售交易的"完整性"认定相关
5. 按出库单装运货物（产品配送部门）	供货应当与装运职责分离 运抵指定地点后，由客户验收无误，取得其签署的出库单或验收单	出库单/装运单	有助于避免负责装运货物的员工在未经授权的情况下装运产品，与存货的"存在"认定相关 客户验收后签字确认的单据是证明销售交易的"发生"认定的重要凭据

续表

业务活动	相关控制活动	主要单据与会计记录	目标和相关认定
6. 向客户开具发票（财务部门）	销售发票事先连续编号	销售发票	与销售交易的"完整性"认定有关
	负责开发票的员工在开具发票之前，检查是否存在出库单和相应的经批准的销售单		与销售交易的"发生"认定有关
	依据已授权批准的 商品价目表 开具销售发票		与销售交易的"准确性"认定有关
	将出库单上的商品总数与相对应的销售发票上的商品总数进行比较		
7. 记录销售（财务部门）	记录销售的岗位应与处理销售交易的其他岗位 职责分离	应收账款明细账 主营业务收入明细账 现金日记账 银行存款日记账	销售交易的多项认定（发生、截止、准确性）
	财务人员依据有效的出库单和销售单记录销售，登记营业收入明细账、应收账款明细账或库存现金、银行存款日记账		
	由不负责现金出纳和销售及应收款项记账的人员定期向客户 寄发对账单，对不符事项进行调查	客户对账单	
8. 确认和记录可变对价的估计和结算情况（财务部门）	对计入交易价格的可变对价（如折扣、价格折让、返利等）进行估计，并在每一资产负债表日后重新估计应计入交易价格的可变对价金额	可变对价相关会计记录	销售交易的多项认定
	定期核查销售退回手续是否齐全，退回货物是否及时入库	入库单	与销售交易的"发生"认定、存货的"完整性"认定相关

续表

业务活动	相关控制活动	主要单据与会计记录	目标和相关认定
9. 提取坏账准备（财务部门）	企业定期对应收账款的信用风险进行评估，并根据预期信用损失计提坏账准备	坏账准备计算表	与应收账款的"准确性、计价和分摊"认定有关
10. 核销坏账（财务部门）	如有证据表明某项货款已无法收回，企业即通过适当的审批程序注销该笔货款	坏账核销审批表：用来批准将无法收回的应收账款作为坏账予以核销的单据	与应收账款的"准确性、计价和分摊"认定有关

◆ 考点 63 · 销售与收款循环存在的重大错报风险

1. 相关交易类别和账户余额存在的重大错报风险

以一般制造业的赊销销售为例，相关重大错报风险通常包括（结合认定把握）以下内容。
(1) 已记录的收入交易未真实发生。
(2) 未完整记录所有已发生的收入交易。
(3) 收入交易的复杂性可能导致的错误，例如可变对价安排、特殊的退货约定等。
(4) 期末发生的交易可能未计入正确的期间，包括销售退回交易的截止错误。
(5) 收款未及时入账或计入不正确的账户。
(6) 应收账款坏账准备的计提不准确。

2. 收入确认存在舞弊风险的评估

1) 舞弊风险假定

(1) 注册会计师在识别和评估与收入确认相关的重大错报风险时，应当基于收入确认存在舞弊风险的假定，评价哪些类型的收入、收入交易或认定导致舞弊风险。
(2) 假定收入确认存在舞弊风险，并不意味着注册会计师应当将与收入确认相关的所有认定都假定为存在舞弊风险。被审计单位不同，管理层实施舞弊的动机或压力不同，其舞弊风险所涉及的具体认定也不同。

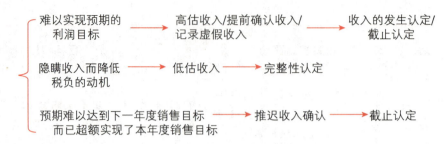

(3)如果注册会计师认为收入确认存在舞弊风险的假定**不适用**于业务的具体情况,从而**未将**收入确认作为由舞弊导致的重大错报风险领域,注册会计师**应当**在审计工作底稿中记录得出该结论的理由。

2)常见的收入确认舞弊手段

(1)为了达到粉饰财务报表的目的而虚增收入或提前确认收入(高估),例如虚构销售交易、进行显失公允的交易、不恰当地选择和运用会计政策。

(2)为了达到报告期内降低税负或转移利润等目的而少记收入或延后确认收入(低估),例如满足收入确认条件后,不确认收入而将收到的货款作为负债。

3)表明被审计单位在收入确认方面可能存在舞弊风险的迹象

存在舞弊风险迹象**并不必然**表明发生舞弊,但了解舞弊风险迹象,有助于注册会计师对审计过程中发现的异常情况产生警觉。常见舞弊风险迹象如下。

(1)销售客户方面出现异常情况,如销售情况与客户所处行业状况不符。

(2)销售交易方面出现异常情况,如在临近期末时发生了大量或大额的交易。

(3)销售合同、单据方面出现异常情况,如销售合同未签字盖章,或者销售合同上加盖的公章并不属于合同所指定的客户。

(4)销售回款方面出现异常情况,如应收账款收回时,付款单位与购买方不一致,存在较多代付款的情况。

(5)被审计单位通常会使用货币资金配合收入舞弊,注册会计师需要关注资金方面出现的异常情况,如通过虚构交易套取资金。

(6)其他方面出现异常情况,如采用异常于行业惯例的收入确认方法。

◆ 考点 64 · 主营业务收入的实质性程序

1. 审计目标

认定	审定目标
发生	确定利润表中记录的营业收入是否已发生,且与被审计单位有关
完整性	确定所有应当记录的营业收入是否均已记录

续表

认定	审定目标
准确性	确定与营业收入有关的金额及其他数据是否已恰当记录，包括对销售退回、销售折扣与折让的处理是否适当
截止	确定营业收入是否已记录于正确的会计期间
分类	确定营业收入已记录于恰当的账户
列报	确定营业收入是否已按照企业会计准则的规定在财务报表中作出恰当的列报

2. 一般实质性程序

(1)获取营业收入明细表，执行复核、检查程序。

(2)实施实质性分析程序：建立有关数据的期望值、确定可接受的差异额(≤实际执行的重要性水平)、将实际金额与期望值相比较并计算差异、差异超过可接受差异额则调查全部差异。

(3)检查主营业务收入确认方法是否符合企业会计准则的规定。

(4)逆查：以主营业务收入明细账中的会计分录为起点，检查相关原始单据，如订购单、销售单、出库单、发票等，以评价已入账的营业收入是否真实发生。

(5)顺查：以确定是否存在遗漏事项(完整性认定)。从出库单(客户签收联)中选取样本，追查至主营业务收入明细账注册会计师必须能够确信全部出库单均已归档，一般可以通过检查出库单的顺序编号来查明。

(6)结合应收账款函证，选择主要客户函证本期销售额。

(7)实施销售截止测试。

①选取资产负债表日前后若干天的出库单，与应收账款和收入明细账进行核对；同时，从应收账款和收入明细账选取在资产负债表日前后若干天的凭证，与出库单核对，以确定销售是否存在跨期现象。

起点	方向	可能发现的不正常情况
出库单(顺查)	日前	未入账：营业收入违反完整性认定
		入账日期在日后：营业收入违反截止认定
	日后	未入账：√
		入账：营业收入违反截止认定
应收账款和收入明细账(逆查)	日前	无出库单：营业收入违反发生认定
		出库单在日后：营业收入违反截止认定
	日后	无出库单：有问题但与本期报表无关
		出库单在日前：营业收入违反截止认定

②复核资产负债表日前后销售和发货水平，确定业务活动水平是否异常，并考虑是否有必

要追加实施截止测试程序。

③取得资产负债表日后所有的销售退回记录，检查是否存在提前确认收入的情况。

④结合对资产负债表日应收账款/合同资产的函证程序，检查有无未取得对方认可的销售。

(8)检查销售退回手续及会计处理。

(9)检查可变对价的会计处理。

(10)检查主营业务收入在财务报表中的列报和披露是否符合企业会计准则的规定。

3. 营业收入的"延伸检查"程序

1)概念

如果识别出被审计单位收入真实性存在重大异常情况，且通过常规审计程序无法获取充分、适当的审计证据，注册会计师需要考虑实施"延伸检查"程序：即对检查范围进行合理延伸，以应对识别出的舞弊风险。

2)举例

(1)在获取被审计单位配合的前提下，对相关供应商、客户进行实地走访。

(2)利用企业信息查询工具，识别相关供应商和客户与被审计单位是否存在关联方关系。

(3)在采用经销模式的情况下，检查经销商的最终销售实现情况。

(4)存在关联方配合舞弊迹象时，检查关联方资金流水，关注异常资金往来。

【例1·多选·央财2017】关于销售的截止测试，下列说法中正确的有(   )。

A. 测试的目的在于确定被审计单位主营业务收入的会计记录归属期是否正确

B. 以账簿记录为起点，从资产负债表日前后若干天的账簿记录查至记账凭证，检查发票存根与发运凭证，主要针对的是收入高估

C. 以销售发票为起点，从资产负债表日前后若干天的发票存根查至发运凭证与账簿记录，主要针对的是收入高估

D. 以发运凭证为起点，从资产负债表日后的发运凭证查至发票开具情况与账簿记录，主要针对的是收入低估

【解析】选项C，主要防止少计收入，针对的是收入低估。选项D，从资产负债表日后的发运凭证查至发票与账簿，可以发现在资产负债表日后发运而已在资产负债表日前入账的情形，因此针对的是收入高估。

【答案】AB

◆ 考点65·应收账款的实质性程序

(1)取得应收账款明细表，执行复核、检查程序。

(2)实施实质性分析程序，分析应收账款与营业收入关系是否合理，比较应收账款比例与赊销政策并分析是否合理，计算应收账款周转率指标并对比分析是否合理。

(3)对应收账款实施函证程序。

要点	内容
决策	应当进行函证，除非不重要或无效 不函证：实施替代程序＋在工作底稿中说明理由
范围（多少）	考虑因素： ①应收账款在全部资产中的重要程度：同向； ②被审计单位内部控制的有效性：反向； ③以前期间的函证结果：以前有重大差异则范围大
对象（选哪些）	①金额较大的项目； ②风险较高的项目：账龄较长的项目、与债务人发生纠纷的项目、重大关联方项目、主要客户（包括关系密切的客户）项目、新增客户项目、交易频繁但期末余额较小甚至余额为零的项目、可能发生重大错报或舞弊的非正常项目
方式	可采用积极的或消极的函证方式实施函证，也可将两种方式结合使用。由于应收账款通常存在高估风险，且与之相关的收入确认存在舞弊风险假定，因此，实务中通常对应收账款采用积极的函证方式
对不符事项的处理	①出现不符事项，需要调查核实原因，确定其是否构成错报； ②注册会计师不能仅通过询问被审计单位相关人员对不符事项的性质和原因得出结论，而是要在询问原因的基础上，检查相关的原始凭证和文件资料予以证实，必要时与被询证方联系，获取相关信息和解释； ③入账时间存在差异，不必然构成错报，需要检查相关的原始凭证和文件资料予以证实； ④记账差错或舞弊，构成错报，评价该错报是否表明存在舞弊，并重新考虑所实施审计程序的性质、时间安排和范围
对未回函项目实施替代程序	①检查资产负债表日后收回的货款，注册会计师不能仅查看应收账款的贷方发生额，而是要查看相关的收款单据，以证实付款方确为该客户且确与资产负债表日的应收账款相关（检查期后收款）； ②检查相关的销售合同、销售单、出库单等文件，注册会计师需要根据被审计单位的收入确认条件和时点，确定能够证明收入发生的凭证（检查原始单据）； ③检查被审计单位与客户之间的往来邮件，如有关发货、对账、催款等事宜邮件（检查往来邮件）

(4)对应收账款余额实施函证以外的细节测试。
(5)检查坏账的冲销和转回。
(6)确定应收账款的列报是否恰当。

◆ 考点 66 · 坏账准备的实质性程序

（1）取得或编制坏账准备明细表，复核加计是否正确，与坏账准备总账数、明细账合计数核对是否相符。

（2）将应收账款坏账准备本期计提数与信用减值损失相应明细项目的发生额核对是否相符。

（3）检查应收账款坏账准备计提与核销的批准程序，取得书面报告等证明文件，结合应收账款函证回函结果，评价计提坏账准备所依据的资料、假设和方法。

（4）实际发生坏账损失的，检查转销依据是否符合有关规定，会计处理是否正确。

（5）已经确认并转销的坏账重新收回的，检查其会计处理是否正确。

（6）确定应收账款坏账准备的披露是否恰当。

第二节 采购与付款循环的审计

◆ 考点 67 · 采购与付款循环的业务活动和相关内部控制

业务活动	关键控制活动	主要单据与会计记录	目标和相关认定
1. 制定采购计划（需求部门）	生产、仓库等部门定期编制采购计划，经部门负责人等适当的管理人员审批后提交采购部门，具体安排商品及服务采购	采购计划	与采购交易的"发生"认定、应付账款的"存在"认定相关
2. 供应商认证及信息维护（采购部门）	企业通常对于合作的供应商事先进行资质等审核，将通过审核的供应商信息录入系统，形成完整的供应商清单，并及时对其信息变更进行更新。采购部门只能向通过审核的供应商进行采购	供应商清单	与采购交易的"发生"认定、应付账款的"存在"认定相关
	询价与确定供应商职责分离		
3. 请购商品和服务（需求部门）	生产、仓库等部门对所需要购买的商品或劳务编制请购单	请购单：采购交易轨迹的起点	与采购交易的"发生"认定、应付账款的"存在"认定相关
	企业可以分部门设置请购单的连续编号，每张请购单必须经过主管人员签字批准		

续表

业务活动	关键控制活动	主要单据与会计记录	目标和相关认定
4. 编制订购单（采购部门）	采购部门只能对经过恰当批准的请购单发出订购单。对每张请购单，采购部门应确定最佳的供应来源。大额、重要的采购项目，应采取招标方式来确定供应商	订购单	与采购交易的"完整性"和"发生"、应付账款的"完整性"和"存在"认定有关
	订购单应预先顺序编号并经过被授权的采购人员签名，其正联应送交供应商，副联则送至企业内部的验收部门、应付凭单部门和编制请购单的部门		
5. 验收商品（验收部门）	采购与验收应当职责分离，验收部门应比较所收商品与订购单上的要求是否相符、商品有无损坏	验收单	与存货的"存在"和"完整性"、应付账款的"存在"和"完整性"相关
	验收部门编制一式多联、预先按顺序编号的验收单，其中一联送交财务部门；验收人员将商品送交仓库或其他请购部门时，应取得经过签字的收据		
6. 储存已验收的商品（仓库部门）	已验收商品的保管与采购的其他职责相分离	入库单	与存货的"存在"认定有关
	存放商品的仓储区应相对独立，限制无关人员接近		
7. 确认与记录负债（财务部门）	财务部门检查订购单、验收单和供应商发票的一致性，确定供应商发票的内容是否与相关的验收单、订购单一致，以及供应商发票的计算是否正确	供应商发票 转账凭证 付款凭证	与采购交易、应付账款的多项认定有关

续表

业务活动	关键控制活动	主要单据与会计记录	目标和相关认定
7. 确认与记录负债(财务部门)	检查无误后，会计人员编制转账凭证或付款凭证，经会计主管审核后据以登记相关账簿	记账凭证 应付账款明细账 供应商对账单	与采购交易、应付账款的多项认定有关
	如果月末尚未收到供应商发票，财务部门需根据验收单和订购单暂估相关的负债		与存货、应付账款的"完整性"认定有关
8. 办理付款(财务部门)			
9. 记录现金、银行存款支出(财务部门)			
10. 与供应商定期对账(采购部门)	通过定期向供应商寄发对账单，就应付账款、预付款项等进行核对，对于发现双方存在的差异，对差异进行调查，如有必要作出相应调整	对账单	采购交易的"准确性"认定、应付账款的"准确性、计价和分摊"认定

◆ 考点 68 · 应付账款的实质性程序

(1)获取或编制应付账款明细表，执行复核、检查程序。

(2)对应付账款实施函证程序。

要点	内容
方向	由于常见重大错报风险是低估应付账款，因此注册会计师应获取适当的供应商相关清单，选取样本向债权人发送询证函
对象(选哪些)	针对应付账款的低估风险，注册会计师不能只挑选大额应付账款及大额供应商实施函证程序，更应关注小余额或零余额供应商
对不符事项的处理	将询证函回函余额与已记录金额相比较，如存在差异，检查支持性文件，并评价已记录金额是否恰当
对未回函项目实施替代程序	检查付款单据(如支票存根)、相关的采购单据(如订购单、验收单、发票和合同)或其他适当文件

(3)检查应付账款是否计入正确会计期间，是否存在未入账的应付账款。

①对本期发生的应付账款增减变动，检查至相关支持性文件，确认会计处理是否正确。

②检查资产负债表日后应付账款明细账贷方发生额的相应凭证，关注其验收单、购货发票

的日期,确认其入账时间是否合理。

③获取并检查被审计单位与其供应商之间的对账单以及被审计单位编制的差异调节表,确定应付账款金额的准确性。

④针对资产负债表日后付款项目,检查银行对账单及有关付款凭证(银行汇款通知单、供应商收据等),询问被审计单位内部或外部的知情人员,查找有无未及时入账的应付账款。

⑤结合存货监盘程序,检查被审计单位在资产负债日前后的存货入库资料(验收报告或入库单),检查相关负债是否计入正确的会计期间。

(4)寻找未入账负债(顺查原始单据至账簿)。

获取期后收取、记录或支付的发票明细,包括获取银行对账单、入账的发票和未入账的发票等。从中选取项目(尽量接近审计报告日)进行测试并实施以下程序。

①检查支持性文件,如相关的发票、采购合同、收货文件以及接受劳务明细,以确定收到商品或接受劳务的日期,以及应在期末之前入账的日期。

②追踪已选取项目至应付账款明细账、货到票未到的暂估入账、预提费用明细表,并关注费用所计入的会计期间。

③评价费用是否被记录于正确的会计期间,并相应确定是否存在期末未入账负债。

(5)检查应付账款长期挂账原因并记录。

(6)检查应付账款是否按照企业会计准则的规定恰当列报和披露。

第三节 生产与存货循环的审计

◆考点69·生产与存货循环的业务活动和相关内部控制

业务活动	关键控制活动	主要单据与会计记录	目标和相关认定
存货盘点(重点)	管理人员编制盘点指令,安排适当人员对存货实物进行定期盘点	存货盘点表	与存货的"存在"认定相关
计提存货跌价准备	财务部门根据存货货龄分析表信息、生产部门和仓储部门每月上报残次冷背存货明细、采购部门和销售部门每	存货货龄分析表	与存货的"准确性、计价和分摊"、资

续表

业务活动	关键控制活动	主要单据与会计记录	目标和相关认定
计提存货跌价准备	月上报原材料和产成品最新价格信息，结合存货盘点结果计提存货跌价准备，财务经理和总经理复核批准并入账	存货账龄分析表	产减值损失的"完整性"和"准确性"认定相关

◆ 考点 70 · 生产与存货循环存在的重大错报风险

以一般制造类企业为例，影响生产与存货循环交易和余额的风险因素可能包括以下内容。

(1)交易的数量和复杂性。制造类企业交易的数量庞大、业务复杂，增加了错误和舞弊的风险。

(2)成本核算的复杂性。制造类企业间接费用的分配较为复杂，导致成本核算复杂。

(3)产品的多元化。这可能要求聘请专家来验证其质量、状况或价值。例如，计量煤堆、筒仓里的谷物或糖、黄金或贵重宝石、化工品和药剂产品的存储量的方法都可能不一样。

(4)某些存货项目的可变现净值难以确定。可变现净值难以确定，会影响存货采购价格和销售价格的确定，并将影响注册会计师对与存货"准确性、计价和分摊"认定有关的风险进行的评估。

(5)将存货存放在很多地点。大型企业可能将存货存放在很多地点，并且可以在不同的地点之间配送存货，可能导致：增加商品途中毁损或遗失的风险；存货在两个地点被重复列示；产生转移定价的错误或舞弊。

(6)寄存的存货。有时存货虽然还存放在企业，但可能已经不归企业所有。反之，企业的存货也可能被寄存在其他企业。

综上所述，一般制造业企业的存货的重大错报风险通常包括以下内容。

认定	具体内容
存在	存货实物可能不存在
完整性	属于被审计单位的存货可能未在账面反映
权利和义务	存货的所有权可能不属于被审计单位
准确性、计价和分摊认定	存货的单位成本可能存在计算错误；存货的账面价值可能无法实现，即跌价损失准备的计提可能不充分

考点 71 · 存货的一般审计程序

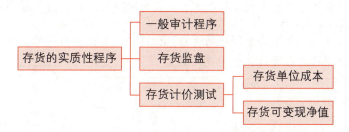

存货的一般审计程序包括以下两方面的内容。

(1)获取年末存货余额明细表。包括复核单项存货金额的计算(单位成本×数量)和明细表的加总计算是否准确;将本年末存货余额与上年末存货余额进行比较,总体分析变动原因。

(2)实施实质性分析程序。常用的比率有存货周转率(存货周转天数)、毛利率等。

考点 72 · 存货监盘

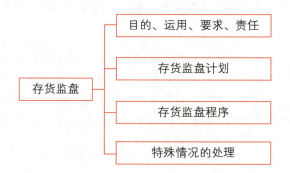

1. 存货监盘的作用

目的	存货监盘的主要目标包括获取被审计单位资产负债表日有关存货的存在和状况以及有关管理层存货盘点程序可靠性的审计证据,检查存货的数量是否真实完整,是否归属于被审计单位,存货有无毁损、陈旧、过时、残次和短缺等状况。 最有效:存在; 次有效:完整性、准确性、计价和分摊; 略有效:权利和义务。 【注意】存货监盘本身并不足以供注册会计师确定存货的所有权,注册会计师可能需要执行其他实质性审计程序,以应对所有权认定的相关风险
应用	可以用作控制测试或者实质性程序

续表

对注册会计师的要求	如果存货对财务报表是重要的,注册会计师应当实施下列审计程序: ①在存货盘点现场实施监盘(除非不可行); ②对期末存货记录实施审计程序,以确定其是否准确反映实际的存货盘点结果
双方责任	实施存货监盘是注册会计师的责任,但这不能取代被审计单位管理层定期盘点存货、合理确定存货的数量和状况的责任

2. 存货监盘计划

1)制定存货监盘计划的基本要求

注册会计师应当根据被审计单位存货的特点、盘存制度和存货内部控制的有效性等情况,在评价被审计单位管理层制定的存货盘点程序的基础上,编制存货监盘计划,对存货监盘作出合理安排。

2)制定存货监盘计划的考虑因素(制定存货监盘计划之前应实施哪些工作)

考虑因素	说明
与存货相关的重大错报风险	存货通常具有较高水平的重大错报风险,外部因素(如技术进步)也会对重大错报风险产生影响
与存货相关的内部控制的性质	①注册会计师应当了解被审计单位与存货相关的内部控制; ②被审计单位与存货实地盘点相关的内部控制通常包括制定合理的存货盘点计划,确定合理的存货盘点程序,配备相应的监督人员,对存货进行独立的内部验证,将盘点结果与永续存货记录进行独立的调节,对盘点表和盘点标签进行充分控制
对存货盘点是否制定了适当的程序,并下达了正确的指令	①注册会计师一般需要复核或与管理层讨论其存货盘点程序; ②如果认为被审计单位的存货盘点程序存在缺陷,注册会计师应当提请被审计单位调整
存货盘点的时间安排	如果存货盘点在财务报表日以外的其他日期进行,注册会计师除实施存货监盘相关审计程序外,还应当实施其他审计程序,以获取审计证据,确定存货盘点日与财务报表日之间的存货变动是否已得到恰当的记录
被审计单位是否一贯采用永续盘存制	永续盘存制:注册会计师在年度中一次或多次参加盘点 实地盘存制:注册会计师要参加此种盘点

续表

考虑因素	说明
存货的存放地点，以确定适当的监盘地点	①如果被审计单位的存货存放在多个地点，注册会计师可以要求被审计单位提供一份完整的存货存放地点清单，包括期末库存量为零的仓库、租赁的仓库，以及第三方代被审计单位保管存货的仓库等，并考虑其完整性； ②在获取完整的存货存放地点清单的基础上，注册会计师可以根据不同地点所存放存货的重要性以及对各个地点与存货相关的重大错报风险的评估结果，选择适当的地点进行监盘，并记录选择这些地点的原因（根据重要性及重大错报风险评估结果确定监盘地点）； ③如果识别出由于舞弊导致的影响存货数量的重大错报风险，注册会计师可能决定在不预先通知的情况下对特定存放地点的存货实施监盘，或在同一天对所有存放地点的存货实施监盘（舞弊风险时增加程序不可预见性）
是否需要专家协助	注册会计师可以考虑利用专家的工作： ①确定资产数量或资产实物状况，如矿石堆； ②收集特殊类别存货的审计证据，如艺术品、稀有玉石、房地产等； ③评估复杂在产品完工程度的问题

3) 存货监盘计划的主要内容

内容	说明
存货监盘的目标、范围及时间安排	①目标：获取被审计单位资产负债表日有关存货数量和状况，以及有关管理层存货盘点程序可靠性的审计证据，检查存货的数量是否真实完整，是否归属被审计单位，存货有无毁损、陈旧、过时、残次和短缺等状况； ②范围：取决于存货的内容、性质，以及与存货相关的内部控制的完善程度和重大错报风险的评估结果； ③时间安排：包括实地察看盘点现场的时间、观察存货盘点的时间和对已盘点存货实施检查的时间等，应当与被审计单位实施存货盘点的时间相协调
存货监盘的要点及关注事项	①盘点期间的存货移动； ②存货的状况； ③存货的截止确认； ④存货的各个存放地点及金额等
参加存货监盘人员的分工	

续表

内容	说明
抽盘存货的范围	在实施观察程序后，如果认为被审计单位内部控制设计良好且得到有效实施，存货盘点组织良好，可以相应缩小实施抽盘程序的范围

3. 存货监盘程序

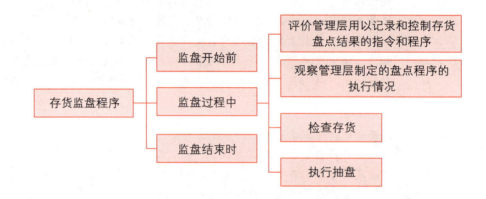

阶段	程序	说明
监盘开始前	观察	注册会计师应当观察盘点现场： ①应纳入盘点范围的存货：确定是否已经适当整理和排列，并附有盘点标识，防止遗漏或重复盘点； ②未纳入盘点范围的存货：查明未纳入的原因
监盘过程中	评价管理层用以记录和控制存货盘点结果的指令和程序	①适当控制活动的运用，例如收集已使用的存货盘点记录，清点未使用的存货盘点表单，实施盘点和复盘程序； ②准确认定在产品的完工程度，流动缓慢、过时或毁损的存货项目，以及第三方拥有的存货； ③在适用的情况下用于估计存货数量的方法，如可能需要估计煤堆的重量； ④对存货在不同存放地点之间的移动以及截止日前后出入库的控制，包括： a. 一般情况下，被审计单位在盘点过程中应停止生产并关闭存货存放地点以确保停止存货移动； b. 特定情况下，被审计单位可能由于实际情况无法停止生产或收发货物，注册会计师可以根据被审计单位的具体情况考虑其无法停止存货移动的原因及其合理性。同时，注册会计师可以通过询

续表

阶段	程序	说明
监盘过程中	评价管理层用以记录和控制存货盘点结果的指令和程序	问管理层以及阅读被审计单位的盘点计划等方式，了解被审计单位对存货移动所采取的控制程序和对存货收发截止影响的考虑。例如，如果被审计单位在盘点过程中无法停止生产，可以考虑在仓库内划分出独立的过渡区域，将预计在盘点期间领用的存货移至过渡区域、对盘点期间办理入库手续的存货暂时放在过渡区域，以此确保相关存货只被盘点一次； c. 注册会计师可以向管理层索取盘点期间存货移动相关的书面记录以及出、入库资料作为执行截止测试的资料，以为监盘结束的后续工作提供证据
	观察管理层制定的盘点程序的执行情况	
	检查存货	①注册会计师应当把所有过时、毁损或陈旧存货的详细情况记录下来，便于进一步追查这些存货的处置情况，以及为测试被审计单位存货跌价准备计提的准确性提供证据； ②注册会计师应当根据取得的所有权不属于被审计单位的存货的有关资料，观察这些存货的实际存放情况，确保其未被纳入盘点范围。即使在被审计单位声明不存在受托代存存货的情形下，注册会计师在存货监盘时也应当关注是否存在某些存货不属于被审计单位的迹象，以避免盘点范围不当； ③注册会计师应当设计关于特殊类型存货监盘的具体审计程序
	执行抽盘	①双向抽盘：在对存货盘点结果进行测试时，注册会计师可以从存货盘点记录中选取项目追查至存货实物，以及从存货实物中选取项目追查至盘点记录，以获取有关盘点记录准确性和完整性的审计证据； ②注册会计师应尽可能避免让被审计单位事先了解将抽盘的存货项目； ③抽盘发现差异的处理： a. 注册会计师应当查明原因，并及时提请被审计单位更正； b. 注册会计师应当考虑错误的潜在范围和重大程度，在可能的情况下，扩大检查范围以减少错误的发生； c. 注册会计师还可要求被审计单位重新盘点，重新盘点的范围可限于某一特殊领域的存货或特定盘点小组
监盘结束时	再次观察盘点现场	以确定所有应纳入盘点范围的存货是否均已盘点
	取得所有盘点表单	取得并检查已填用、作废及未使用盘点表单的号码记录，确定其是否连续编号，查明已发放的表单是否均已收回，并与存货盘点的汇总记录进行核对

【提示】存货截止审计的主要方法

在观察管理层制定的盘点程序的执行情况时，注册会计师可以获取有关截止性信息（如存货移动的具体情况）的复印件，有助于日后对存货移动的会计处理实施审计程序。针对存货截止测试的审计程序如下。

(1)获取盘点日前后存货收发及移动的凭证，检查库存记录与会计记录期末截止是否正确。

(2)关注所有在盘点日以前入库的存货项目是否均已包括在盘点范围内，所有已确认为销售但尚未装运出库的商品是否均未包括在盘点范围内，在途存货和被审计单位直接向顾客发运的存货是否均已得到了适当的会计处理。

(3)观察存货的验收入库地点和装运出库地点以执行截止测试。在存货入库和装运过程中采用连续编号的凭证时，注册会计师应当关注盘点日前的最后编号。如果被审计单位没有使用连续编号的凭证，注册会计师应当列出盘点日以前的最后几笔装运和入库记录。如果被审计单位使用运货车厢或拖车进行存储、运输或验收入库，注册会计师应当详细列出存货场地上满载和空载的车厢或拖车，并记录各自的存货状况。

4. 特殊情况的处理（易考）

1)存货盘点日不是资产负债表日

如果存货盘点日不是资产负债表日，注册会计师应当实施适当的审计程序，确定盘点日与资产负债表日之间存货的变动是否已得到恰当的记录。

2)在存货盘点现场实施存货监盘不可行

(1)对注册会计师带来不便的一般因素不足以支持注册会计师作出实施存货监盘不可行的决定。审计中的困难、时间或成本等事项本身，不能作为注册会计师不实施存货监盘的理由。

(2)如现场监盘存货不可行（如存货存放在对注册会计师的安全有威胁的地点），应实施替代审计程序（如检查盘点日后出售盘点日之前取得或购买的特定存货的文件记录）。

(3)如果不能实施替代审计程序，或者实施替代审计程序可能无法获取充分、适当的审计证据，则需要按规定发表非无保留意见。

3)因不可预见的情况导致无法实施现场监盘

情形	①无法亲临现场，即不可抗力导致其无法到达存货存放地实施存货监盘； ②气候因素，即恶劣的天气导致注册会计师无法实施存货监盘程序，或恶劣的天气导致无法观察存货（如木材被积雪覆盖），无法实施现场监盘
措施	如不可预见情况导致无法在存货盘点现场实施监盘，注册会计师应当： ①另择日期监盘； ②对间隔期内的交易实施审计程序

4)由第三方保管或控制的存货

如果由第三方保管或控制的存货对财务报表是重要的,应实施下列一项或两项审计程序,以获取该存货存在和状况的充分、适当的审计证据:

(1)向持有被审计单位存货的第三方函证存货的数量和状况;

(2)实施检查或其他适合具体情况的审计程序。

其他审计程序(可以作为函证的替代程序,也可以作为追加的审计程序)包括:

(1)实施或安排其他注册会计师实施对第三方的存货监盘;

(2)获取其他注册会计师或服务机构注册会计师针对用以保证存货得到恰当盘点和保管的内部控制的适当性而出具的报告;

(3)检查与第三方持有的存货相关的文件记录,如仓储单;

(4)当存货被作为抵押品时,要求其他机构或人员进行确认;

(5)考虑由第三方保管存货的商业理由的合理性,检查被审计单位和第三方所签署的存货保管协议的相关条款,复核被审计单位调查及评价第三方工作的程序等。

【例2·多选·央财2016】注册会计师在对期末存货进行截止测试时,下列应当关注的内容正确的有(   )。

A. 所有在截止日以前入库的存货项目是否均未包括在盘点范围内,且未包括在截止日的存货账面余额中

B. 所有在截止日以前装运出库的存货项目是否均未包括在盘点范围内,且未包括在截止日的存货账面余额中

C. 在途存货和被审计单位直接向顾客发运的存货是否均未得到适当的会计处理

D. 所有已记录为购货但尚未入库的存货是否均已包括在盘点范围内,并已反映在会计记录中

【解析】选项A,应当关注所有在截止日以前入库的存货项目是否均已包括在盘点范围内,并已反映在截止日以前的会计记录中;选项C,应当关注在途存货和被审计单位直接向顾客发运的存货是否均已得到了适当的会计处理。

【答案】BD

【例3·多选·央财2016、浙江工商2023】通过实施存货监盘,注册会计师可以为存货的(   )认定提供审计依据。

A. 准确性、计价和分摊 B. 发生
C. 存在 D. 完整性

【解析】存货监盘针对的主要是存货的存在认定,对存货的"完整性"认定、"准确性、计价和分摊"认定以及"权利和义务"认定,也能提供部分审计证据。

【答案】ACD

【例 4·单选·央财 2017】 下列有关存货监盘的说法中,正确的是( )。

A. 注册会计师主要采用观察程序实施存货监盘

B. 注册会计师在实施存货监盘过程中不应协助被审计单位的盘点工作

C. 注册会计师实施存货监盘通常可以确定存货的所有权

D. 由于不可预见的情况而导致无法在预定日期实施存货监盘,注册会计师可以实施替代审计程序

【解析】选项 A,存货监盘程序不只观察程序一种;选项 C,存货监盘主要验证存货的存在认定,存货监盘本身并不足以供注册会计师确定存货的所有权,注册会计师可能需要执行其他实质性审计程序以应对所有权认定的相关风险。选项 D,如果由于不可预见的情况无法在存货盘点现场实施监盘,注册会计师应当另择日期实施监盘,并对间隔期内发生的交易实施审计程序。

【答案】B

◆ 考点 73·存货计价测试

存货监盘程序主要是对存货的数量进行测试。为了验证财务报表上存货余额的真实性,还应当对存货的计价进行审计。存货的计价测试包括存货的单位成本测试和存货跌价准备测试。

存货计价测试	说明
存货的单位成本测试	直接材料成本测试、直接人工成本测试、制造费用测试、生产成本在当期完工产品与在产品分配之间的测试
存货跌价准备测试	①识别需要计提存货跌价准备的存货项目; ②检查可变现净值的计量是否合理

【例 5·案例·沈阳建筑大学 2021】 ABC 会计师事务所的 A 注册会计师负责审计多家被审计单位 2020 年度财务报表。与存货审计相关的部分事项如下。

(1)受疫情影响,A 注册会计师未能在甲公司实施盘点的当日前往现场,另择日期检查了存货状况并执行了抽盘,未发现差异,结果满意。

(2)乙公司管理层采用电子磅秤称量袋装存货并记录盘点结果。A 注册会计师随机选取部分袋装存货进行重新称量,未发现差异,据此认可了盘点结果。

(3)在对丙公司存货监盘时,临近下班时间,管理层推荐以近处仓库更换原计划监盘的另一路途较远的仓库。A 注册会计师评估了更换后仓库存货余额的重要性和相关的重大错报风险,认可了丙公司的建议。

(4)A 注册会计师在对丁公司存货监盘时注意到一批积压的产品。管理层说明该产品售价预计将在 2021 年下半年回升,并提供了某独立研究机构出具的市场价格走势报告,A 注册会计师查阅了报告,据此认可了管理层的对存货不计提跌价准备的处理。

(5)2020 年年末,戊公司货运车厢中存有一批原材料,金额重大。由于尚未验收办理入

库，管理层未将其纳入盘点范围，A注册会计师认可了管理层的做法。

(6)A注册会计师在乙公司盘点结束前，取得并检查了已填用、作废和未使用的盘点表单，确定已连续编号。在确定已发放的盘点表单均已收回后，A注册会计师认可了存货盘点的汇总记录。

要求：针对上述第(1)至(6)项，逐项指出A注册会计师的做法是否恰当。如不恰当，简要说明理由。

【答案】

(1)不恰当。注册会计师未观察/还应观察管理层的盘点过程。

(2)不恰当。注册会计师还应检验磅秤的精准度。

(3)不恰当。注册会计师不应临时变更存货监盘地点。

(4)不恰当。注册会计师还应实施计价测试/还应测试存货的可变现净值/应取得存货可变现净值的可靠证据。

(5)不恰当。注册会计师应确定收到的存货是否应纳入盘点范围。

(6)不恰当。注册会计师还应与存货盘点的汇总记录进行核对。

【例6·案例·安徽财经大学2017】 MK会计师事务所的M注册会计师负责审计多家被审计单位2018年度财务报表。与存货审计相关事项如下。

(1)M注册会计师在审计过程中发现甲公司对于存货的保管虽然制定了相应的内部控制，但是预期控制无效，因此在进一步审计程序的总体方案中选择了综合性方案。

(2)M注册会计师认为实施存货监盘可以取代乙公司管理层定期盘点存货、合理确定存货的数量和状况的责任。

(3)因为丁公司的存货存放在多个地点，M注册会计师要求T公司提供一份完整的存货存放地点清单，按照丁公司提供的清单确定了需要监盘的地点。

(4)M注册会计师在观察后认为戊公司内部控制设计良好且得到有效实施，存货盘点组织良好，相应缩小了实施抽盘的范围。

要求：针对上述第(1)至(4)项，逐项指出M注册会计师的做法是否恰当。如不恰当，简要说明理由。

【答案】

(1)不恰当。预期控制无效，应当选择实质性方案。

(2)不恰当。实施存货监盘是注册会计师的责任，但这不能取代被审计单位管理层定期盘点存货、合理确定存货的数量和状况的责任。

(3)不恰当。如果被审计单位的存货存放在多个地点，注册会计师可以要求被审计单位提供一份完整的存货存放地点清单，包括期末库存量为零的仓库、租赁的仓库，以及第三方代被审计单位保管存货的仓库等，并考虑其完整性。

(4)恰当。

第四节 货币资金的审计

◆ 考点 74 · 货币资金内部控制概述

内部控制	说明
1. 岗位分工（职责分离）	①出纳人员不得兼任银行对账单的获取、编制 银行存款余额调节表 等稽核工作、会计档案保管和收入、支出、费用、债权债务 账目的登记 工作； ②不得由一人办理货币资金业务的全过程
2. 授权批准	①企业应当对货币资金业务建立严格的授权审批制度，明确审批人对货币资金业务的授权批准方式、权限、程序、责任和相关控制措施； ②企业对于 重要货币资金支付业务，应当实行 集体决策和审批
3. 现金和银行存款的管理	①企业现金收入 应当及时存入银行，不得从现金收入中直接支付（即坐支）。特殊情况需 坐支现金 的，应事先报经 开户银行 审查批准； ②货币资金收入必须及时入账，不得私设"小金库"，不得账外设账，严禁收款不入账； ③指定 专人 定期核对银行账户，每月 至少核对一次，编制银行存款余额调节表。如调节不符，应查明原因，及时处理； ④应当定期和不定期地进行现金 盘点，确保现金账面余额与实际库存相符。发现不符，及时查明原因，作出处理
4. 票据及有关印章的管理	企业应当加强银行预留印鉴的管理。财务专用章应由专人保管，个人名章必须由本人或其授权人员保管。严禁一人保管支付款项所需的全部印章
5. 报销管理	企业应建立报销制度。报销人员报销时应当有正常的报批手续、适当的付款凭据，有关采购支出还应具有验收手续。会计部门应对报销单据加以审核，出纳员见到加盖核准戳记的支出凭据后方可付款

佳姐翻译.

至此为止，我们在四个流程中都学到了不少不相容职务分离的情形。设置不相容职务的出发点，就是为了通过"牵制"，达到防止舞弊和错误的目的。那么如何"牵制"呢？那就相邻的步骤不让同一个人去干，同一账簿的两个方向也不要让同一个人去记！

流程	相邻流程要分离	借贷记账要分离
销售与收款	销售职能与信用审批； 供货职责与装运职责； 处理销售交易与记录销售； 销售、发货、收款； 销售人员和收款人员； 现金出纳、销售与寄发对账单	主营业务收入账由记录应收账款之外的员工独立登记，并由另一位不负责账簿记录的员工定期调节总账和明细账
采购与付款	请购与审批； 询价与确定供应商； 采购与验收； 验收与保管； 采购、验收与相关会计记录； 付款审批与付款执行	—
货币资金	出纳人员不得兼任稽核、银行对账单的获取、编制银行存款余额调节表等、会计档案保管； 不得由一人办理货币资金业务的全过程； 严禁一人保管支付款项所需的全部印章	出纳人员不得兼任收入、支出、费用、债权债务账目的登记工作

◆ 考点 75 · 货币资金的风险评估

1. 与货币资金的交易、账户余额和披露相关的认定层次的重大错报风险

(1)被审计单位存在虚假的货币资金余额或交易，导致银行存款余额的"存在"认定或交易的"发生"认定存在重大错报风险。

(2)被审计单位存在大额的外币交易和余额，可能存在外币交易或余额未被准确记录的风险。（"准确性、计价和分摊"认定）

(3)银行存款的期末收支存在大额的截止性错误。（"截止"认定）

(4)被审计单位可能存在未能按照企业会计准则的规定对货币资金作出恰当披露的风险。（"列报"认定）

2. 存在重大错报风险的迹象

货币资金领域也是财务舞弊的易发、高发领域，一些审计单位可能由于某些压力、动机和

机会，通过虚构货币资金、大股东侵占货币资金和虚构现金交易等方式实施舞弊。在实施货币资金审计的过程中，如被审计单位存在以下事项或情形，注册会计师需要保持警觉：

(1)被审计单位的现金交易比例较高，并与其所在的行业常用的结算模式不同；

(2)银行账户开立数量与企业实际业务规模不匹配，或存在多个零余额账户且长期不注销；

(3)在没有经营业务的地区开立银行账户，或将高额资金存放于其经营和注册地之外的异地；

(4)被审计单位资金存放于管理层或员工个人账户，或通过个人账户进行被审计单位交易的资金结算；

(5)银行存款明细账存在非正常转账，例如短期内相同金额的一收一付或相同金额的分次转入转出等大额异常交易；

(6)存在期末余额为负数的银行账户；

(7)受限货币资金占比较高；

(8)存款收益金额与存款的规模明显不匹配；

(9)针对同一交易对方，在报告期内存在现金和其他结算方式并存的情形；

(10)存在大额外币收付记录，而被审计单位并不涉足进出口业务；

(11)存在长期挂账的大额预付款项等；

(12)存在大量货币资金的情况下仍高额或高息举债；

(13)付款方全称与销售客户名称不一致、收款方全称与供应商名称不一致；

(14)存在大量货币资金的情况下，频繁发生债务违约，或者无法按期支付股利或偿付债务本息。

◆ 考点 76 · 库存现金的实质性程序——监盘

要点	说明
适用性	监盘程序是用作控制测试还是实质性程序，取决于注册会计师对风险评估结果、审计方案和实施的特定程序的判断
范围	被审计单位各部门经管的所有现金，通常包括对已收到但未存入银行的现金、零用金、找换金等的盘点
时间	查看被审计单位制定的盘点计划，以确定监盘时间。对库存现金的监盘最好实施突击性的检查，时间最好选择在上午上班前或下午下班时 【提示】如被审计单位库存现金存放部门有两处或两处以上的，应同时进行盘点
人员	盘点库存现金的人员应视被审计单位的具体情况而定，但现金出纳员和被审计单位会计主管人员必须参加，并由注册会计师进行监盘

续表

要点	说明
程序	①查阅库存现金日记账并同时与现金收付凭证相核对； ②检查被审计单位现金实存数，并将该监盘金额与库存现金日记账余额进行核对，如有差异，应要求被审计单位查明原因，必要时应提请被审计单位作出调整； ③由出纳员盘点，由注册会计师编制"库存现金监盘表"； ④在非资产负债表日进行监盘时，应将监盘金额调整至资产负债表日的金额，并对变动情况实施程序

◆ 考点 77 · 银行存款的实质性程序

程序	说明
1. 获取银行存款余额明细表，执行复核、检查程序	如果对被审计单位银行账户的完整性存有疑虑，注册会计师可以考虑额外实施以下实质性程序： ①注册会计师在企业人员的陪同下到中国人民银行或基本存款账户开户行查询并打印《已开立银行结算账户清单》，以确认被审计单位账面记录的银行人民币结算账户是否完整； ②结合其他相关细节测试，关注原始单据中被审计单位的收（付）款银行账户是否包含在注册会计师已获取的开立银行账户清单内
2. 实施实质性分析程序	计算银行存款累计余额应收利息收入，分析比较被审计单位银行存款应收利息收入与实际利息收入的差异是否恰当
3. 检查银行存款账户发生额	①结合银行账户性质，分析不同账户发生银行存款日记账漏记银行交易的可能性，获取相关账户相关期间的全部银行对账单； ②利用数据分析等技术，对比银行对账单上的收付款流水与被审计单位银行存款日记账的收付款信息是否一致，对银行对账单及被审计单位银行存款日记账记录进行双向核对； ③对银行对账单及被审计单位银行存款日记账记录进行双向核对
4. 取得并检查银行对账单	①取得被审计单位加盖银行印章的银行对账单，必要时，亲自到银行获取对账单，并对获取过程保持控制； ②将获取的银行对账单余额与银行日记账余额进行核对，如存在差异，获取银行存款余额调节表； ③将被审计单位资产负债表日的银行对账单与银行询证函回函核对，确认是否一致

续表

程序	说明
5.取得并检查银行存款余额调节表	①检查调节后银行存款日记账余额与银行对账单余额是否一致； ②检查调节事项： a.对于企收银未收、企付银未付：检查相关收付款凭证，并检查是否已在<u>期后银行对账单</u>上得以反映； b.对于银收企未收、银付企未付：检查收付款项的内容，确定是否为截止错报； ③关注长期未达账项，查看是否存在挪用资金等事项； ④特别关注银付企未付、企付银未付中支付异常的领款事项，包括没有载明收款人、签字不全等支付事项，确认是否存在舞弊
6.函证银行存款余额（链接第二章）	①注册会计师应当对银行存款（<u>包括零余额账户和在本期内注销的账户</u>）、借款及与金融机构往来的其他重要信息实施函证程序，除非有充分证据表明其对财务报表不重要且与之相关的重大错报风险很低。如果不对这些项目实施函证程序，注册会计师应当在审计工作底稿中说明理由； ②通过向往来银行函证，注册会计师不仅可了解企业资产的存在，还可了解企业账面反映所欠银行债务的情况，并有助于发现企业未入账的银行借款和未披露的或有负债； ③当实施函证程序时，注册会计师应当对询证函保持控制，当函证信息与银行回函结果不符时，应当调查不符事项，以确定是否表明存在错报； ④在实施银行函证时，注册会计师需要以<u>被审计单位名义</u>向银行发函询证，以验证被审计单位的银行存款是否真实、合法、完整

【例7·案例·广东金融2023、重庆大学2023】A注册会计师对XYZ公司2022年12月31日的资产负债表进行审计时发现该公司银行存款账面余额为35 000元，银行对账单上的银行存款余额为42 000元。另外，查有下列未达账项和记账错误。

(1)12月23日公司送存转账支票5 800元，银行尚未入账。

(2)12月24日公司开出转账支票5 300元，持票人尚未到银行办理转账手续。

(3)12月25日委托银行收款10 300元，银行已收妥入账，但收款通知尚未到达公司。

(4)12月30日银行代付水费3 150元，但银行付款通知单尚未到达该公司。

(5)12月15日收到银行收款通知单金额3 850元，公司入账时将银行存款增加数错记成3 500元。

要求：

(1)根据上述资料，编制银行存款余额债表，核实资产负债表中"货币资金"项目中银行存款数额的正确性；

(2)银行存款函证有何作用?

(3)假设 A 注册会计师对银行存款进行函证时,要求银行把回函直接寄到被审计单位的做法是否正确?

(4)假设 A 注册会计师在出纳的陪同下去银行进行询证,注册会计师 A 坐在等候区等待,出纳独自在柜台开具询证函,A 注册会计师的做法是否正确?

【答案】(1)

银行存款余额调节表　　　　　　　　　　　　　　　　　　　　　　　单位:元

项目	金额	项目	金额
公司银行存款账面余额	35 000	开户银行对账单余额	42 000
加:银行已收,公司未收款项	10 300	加:公司已收,银行未收款项	5 800
减:银行已付,公司未付款项	3 150	减:公司已付,银行未付款项	5 300
加:公司记账差错数	350		
调节后的存款余额	42 500	调节后的存款余额	42 500

(2)银行函证程序是证实资产负债表所列银行存款是否存在的重要程序。通过向往来银行函证,注册会计师不仅可了解企业资产的存在,还可以了解企业账面反映所欠银行债务的情况,并有助于发现企业未入账的银行借款和未披露的或有负债。

(3)不正确。注册会计师应当对函证保持全过程的控制,要避免询证函经过被审计单位之手。

(4)不正确。注册会计师应当在整个过程中保持对询证函的控制,要对被审计单位和被询证者之间串通舞弊的风险保持警觉。

真题精练

一、案例题

1.(北国会 2013、财科所 2017)注册会计师 A 和 B 对 XYZ 股份有限公司 2018 年度财务报表进行审计。该公司 2018 年度未发生并购、分立和债务重组行为,供产销形势与上年相当。该公司提供的未经审计的 2018 年度合并财务报表附注的部分内容如下:

(1)坏账核算的会计政策:坏账核算采用备抵法。坏账准备按期末应收账款余额0.5%计提。应收账款和坏账准备项目附注:应收账款和坏账准备 2018 年年末余额分别为 16 553 万元、52.77 万元。应收账款账龄分析表如下。

金额单位:万元

账龄	年初数	年末数
1 年以内	8 392	10 915
1~2 年	1 186	1 399

续表

账龄	年初数	年末数
2～3 年	1 161	1 365
3 年以上	1 421	2 874
合计	12 160	16 553

(2)营业收入和营业成本项目附注：营业收入和营业成本 2018 年度发生额分别为 61 020 万元、52 819 万元。

金额单位：万元

品名	营业收入		营业成本	
	2017 年发生额	2018 年发生额	2017 年发生额	2018 年发生额
X 产品	40 000	41 000	38 000	33 800
Y 产品	20 000	20 020	19 000	19 019
合计	60 000	61 020	57 000	52 819

要求：假定上述附注内容中的年初数和上年比较数均已审定无误，你作为注册会计师 A 和 B，在审计计划阶段，请运用专业判断，必要时运用分析性复核方法，分别指出上述附注内容中存在或可能存在的不合理之处，并简要说明理由。

2.(财科所 2020)注册会计师张奇在审计 2019 年 F 公司应付账款过程中实施了以下程序：
(1)获取了 F 公司应付账款明细表，进行了复核，并且与会计报表数、总账数、明细账的合计数进行核对，确定账账、账表相符。
(2)对应付账款进行了分析性复核。在复核过程中发现：F 公司本期期末应付账款余额远高于上期期末余额，增幅达到 90%；有一笔 2 000 万元长期挂账的应付账款，属于应付关联方的账款；结合存货监盘、并与以前期间对比分析，发现 F 公司存在多笔漏记应付账款行为；公司带有现金折扣的应付账款按照扣除折扣的应付净额记账。
(3)对于上述情形，张奇要求 F 公司做出解释，F 公司财务经理告诉他：本期期末应付账款余额高是由于公司资金紧张拖欠的采购款项；2 000 万元长期挂账的应付账款属于关联方借款，并出示了相关协议文件；漏记应付账款是财务人员疏漏所致，之后会更正；带有现金折扣的应付账款按照扣除折扣的应付净额记账是公司财务制度的规定，并出示了相关管理制度。
(4)张奇接受了 F 公司财务经理的解释，并作出了 F 公司应付账款无重大风险事项的判断。
要求：请根据以上事实判断，张奇的做法是否恰当，为什么？如果由你担任审计工作，你会如何处理？

3.(四川师范大学 2022)B 股份有限公司(以下简称 B 公司)主要经营中小型机电类产品的生产和销售，产品销售以 B 公司仓库为交货地点。B 公司目前主要采用手工会计系统。ABC 会计师事务所接受委托审计B公司2019年度财务报表，注册会计师C和D负责对B公司的采购与付款循环的内部控制进行了解、测试与评价。

通过对B公司内部控制的了解，注册会计师C和D在审计工作底稿中记录了所了解的和采购与付款循环相关的内部控制程序，部分内容摘录如下：

(1)对需要购买的已经列入存货清单的项目由仓库负责填写请购单，对未列入存货清单的由相关需求部门填写请购单。每张请购单须由对该类采购支出预算负责的主管人员签字批准。

(2)采购部收到经批准的请购单后，由其职员E进行询价并确定供应商，再由其职员F负责编制和发出预先连续编号的订购单。订购单一式四联，经被授权的采购人员签字后，分别送交供应商、负责验收的部门、提交请购单的部门和负责采购业务结算的应付凭单部门。

(3)验收部门根据订购单上的要求对所采购的材料进行验收，完成验收后，将原材料交由仓库人员存入库房，并编制预先连续编号的验收单交仓库人员签字确认。验收单一式三联，其中两联分送应付凭单部门和仓库，一联留存验收部门。

(4)应付凭单部门核对供应商发票、验收单和订购单，并编制预先连续编号的付款凭单。在付款凭单经被授权人员批准后，应付凭单部门将付款凭单连同供应商发票及时送交会计部门，并将未付款凭单副联保存在未付款凭单档案中。会计部门收到附供应商发票的付款凭单后即应及时编制有关的记账凭证，并登记原材料和应付账款账簿。

(5)应付凭单部门负责确定尚未付款凭单在到期日付款，并将留存的未付款凭单及其附件根据授权审批权限送交审批人审批。审批人审批后，将未付款凭单连同附件交复核人复核，然后交财务出纳人员J据此办理支付手续，登记现金和银行存款日记账，并在每月月末编制银行存款余额调节表，交会计主管审核。

(6)公司每半年对全部存货盘点一次，编制盘点表。会计部门与仓库在核对结存数量后，向管理层报告差异情况及形成原因，并在经批准后进行相应处理。

要求：假定不考虑其他条件，请逐项判断B公司上述已经存在的内部控制程序在设计上是否存在缺陷。如果存在缺陷，请分别予以指出，并简要说明理由，提出改进建议。

4.(南京审计2018)A注册会计师负责审计甲公司2012年度财务报表。甲公司主要从事服装的制造和销售，2012年年末未审计财务报表存货余额约10 000万元。存货存放在下属乙制造厂和全国60家直营店。审计项目组确定财务报表整体的重要性为1 000万元。审计项目组实施存货监盘的部分事项如下：

(1)审计工作底稿中记录，存货监盘目标为获取有关甲公司资产负债表日存货数量的审计证据。

(2)审计项目组按2012年年末各存放地点存货余额进行排序，选取存货余额最大的20个地点(合计占年末存货余额的60%)实施监盘。审计项目组根据选取地点的监盘结果，认为甲公司年末存货盘点结果满意。

(3)因天气原因，审计项目组成员未能按计划在2012年12月31日到达某直营店实施监盘。经与管理层协商，改在2013年1月5日实施监盘，并对2012年12月31日至2013年1月5日期间的存货变动情况实施审计程序。

(4)乙制造厂存货品种繁多，存放拥挤。为保证监盘工作顺利进行，A注册会计师提前两天将拟抽盘项目清单发给乙制造厂财务部人员，要求其做好准备工作。

(5)甲公司委托丙公司加工服装饰品，年末存放在丙公司的存货金额约为 1 200 万元。审计项目组成员向丙公司寄发询证函，未收到回函。审计项目组成员通过电话取得丙公司对其保管的甲公司存货的确认，作为未取得回函的替代程序。

要求：针对上述第(1)至(5)项，假定不考虑其他事项，逐项指出 A 注册会计师的处理是否适当。如认为不当，简要说明理由。

5.(浙江工商 2017、沈阳建筑大学 2021)甲公司主要从事家电产品的生产和销售。ABC 会计师事务所负责审计甲公司 2013 年度财务报表。审计项目组在审计工作底稿中记录了与存货监盘相关的情况，部分内容摘录如下：

(1)审计项目组拟不信赖与存货相关的内部控制运行的有效性，故在监盘时不再观察管理层制定的盘点程序的执行情况。

(2)审计项目组获取了盘点日前后存货收发及移动的凭证，以确定甲公司是否将盘点日前入库的存货、盘点日后出库的存货以及已确认为销售但尚未出库的存货包括在盘点范围内。

(3)由于甲公司人手不足，审计项目组受管理层委托，于 2013 年 12 月 31 日代为盘点甲公司异地专卖店的存货，并将盘点记录作为甲公司的盘点记录和审计项目组的监盘工作底稿。

(4)审计项目组按存货项目定义抽样单元，选取 a 产品为抽盘样本项目之一。a 产品分布在 5 个仓库中，考虑到监盘人员安排困难，审计项目组对其中 3 个仓库的 a 产品执行抽盘，未发现差异，对该样本项目的抽盘结果满意。

(5)在甲公司存货盘点结束前，审计项目组取得并检查了已填用、作废及未使用盘点表单的号码记录，确定其是否连续编号以及已发放的表单是否均已收回，并与存货盘点汇总表中记录的盘点表单使用情况核对一致。

(6)甲公司部分产成品存放在第三方仓库，其年末余额占资产总额的 10%。

要求：

(1)针对上述第(1)至(5)项，逐项指出审计项目组的做法是否恰当。如不恰当，简要说明理由；

(2)针对上述第(6)项，列举三项审计项目组可以实施的审计程序。

6.(西安外国语 2021、浙江财经 2023、安徽财经大学 2023)ABC 会计师事务所的 A 注册会计师负责审计甲公司等多家被审计单位 2015 年度财务报表，与存货审计相关事项如下：

(1)在对甲公司存货实施监盘时，A 注册会计师在存货盘点现场评价了管理层用以记录和控制存货盘点结果的程序，认为其设计有效，A 注册会计师在检查存货并执行抽盘后结束了现场工作。

(2)因乙公司存货品种和数量均较少，A 注册会计师仅将监盘程序用作实质性程序。

(3)丙公司 2015 年年末已入库未收到发票而暂估的存货金额占存货总额的 30%，A 注册会计师对存货实施了监盘，测试了采购和销售交易的截止，均未发现差错，据此认为暂估的存货记录准确。

(4)丁公司管理层未将以前年度已全额计提跌价准备的存货纳入本年末盘点范围，A 注册会计师检查了以前年度的审计工作底稿，认可了管理层的做法。

(5)已公司管理层规定,由生产部门人员对全部存货进行盘点,再由财务部门人员抽取50%进行复盘,A注册会计师对复盘项目执行抽盘,未发现差异,据此认可了管理层的盘点结果。

要求:针对上述第(1)至(5)项,逐项指出A注册会计师的做法是否恰当。如不恰当,简要说明理由。

7.(财科所2017)A公司是F会计师事务所的审计客户。2016年11月,F会计师事务所与A公司续签了审计业务约定书,审计2016年度会计报表。在审计工作过程中,甲、乙两位审计人员还注意到,A公司存货比重大,约为资产的40%。甲、乙两位审计人员审阅了12月31日的盘点记录,其中,A产品期末盘存量是20 000件,查阅以前的明细账,A产品期末库存量保持在12 000件左右。审计人员提出对产品进行盘点,但A公司以避免延误交货为由,婉言拒绝。注册会计师是否应当坚持对存货进行监督性盘点?请简要说明理由。

8.(财科所2021)甲公司是一家制造业上市公司,W会计师事务所承担了该公司2020年度财务报表的审计工作,委派A注册会计师具体负责。现有部分审计资料如下:

(1)对存货实施监盘,发现年末存货余额与盘点日余额存在2万元差异,因数额较小,认可了年末存货余额。

(2)甲公司年末存放在客户仓库的产品2 000万元无法实施监盘,未实施函证程序,但检查了相关签收、结算、对账记录以及开放给供应商的网上库存信息,认可了该项存货的金额。

要求:请说明上述(1)、(2)事项实施做法是否恰当,理由是什么。

9.(财科所2018)2017年1月25日,注册会计师对甲公司2016年12月31日资产负债表进行审计,查得"货币资金"项目的库存现金余额为29 950元。2017年1月25日现金日记账的余额是23 650元。2017年1月26日上午,注册会计师对该公司的库存现金进行了盘点,结果如下:

(1)现金实有数18 500元。

(2)在保险柜中发现职工李小西11月5日预借差旅费5 000元,已经领导批准;职工胡乙借据一张,金额4 500元,未经批准,也未说明其用途;有已收款但未入账的凭证6张,金额合计4 350元。

另外,经核对1月1日至25日的收付款凭证和现金日记账,核实1月1日至25日的现金收入数为71 300元,现金支出数为71 600元,正确无误。

注册会计师开展审计步骤如下:

第一步,根据以上资料,首先核实1月25日库存现金应有数。因为职工胡乙借据4 500元,未经批准,属于白条,不能用于抵充现金,所以1月25日库存现金应为1月25日库存现金实有数18 500元加胡乙的借据4 500元,为23 000元。未入账的收付款凭证都属于合法凭证,可以据以收付现金,只是没有入账。1月25日现金日记账的余额是23 650元,加上未入账的现金收入4 350元,减去未入账的现金支出5 000元,为23 000元。

第二步,核实2016年12月31日资产负债表中的库存现金是否真实、完整。由于2017年1月25日现金账实相符,未发生现金溢缺,且核对1月1日至25日的收付款凭证和现金日记账,1月1日至25日的现金收入为71 300元,现金支出为71 600元,正确无误,可以根据这些资料倒推出 2016 年 12 月 31 日库存现金应有数。计算过程为 23 000＋71 600－71 300＝23 300(元)。

要求：请你根据以上资料和审计工作步骤，对"货币资金"项目得出审计结论：

(1)库存现金账实是否相符？理由是什么？

(2)写出被审计单位将收支及时入账的会计分录。

(3)对于李小西、胡乙的借款，被审计单位应当如何处理？

(4)如果银行规定库存限额 20 000 元，公司应当如何据此管理现金？

10.(北国会 2014)大中华剧院的出纳员在剧院专设的售票室负责售票、收款工作，每日各场次所出售的戏票、电影票均事先连续编号。顾客一手交钱，出纳员一手交票。顾客买票后须将入场券交给收票员才能进入剧院，收票员将入场券撕成两半，正券交还顾客，副券则投入加锁的票箱中。

要求：

(1)本例中在现金收入方面采取了哪些内部控制措施？

(2)假设售票员与收票员串通窃取现金收入，他们将采取哪些行动？

(3)对串通舞弊行为，采取何种措施可以揭发？

(4)剧院经理可采取哪些手段使现金内部控制达到最佳效果？

11.(财科所 2018)背景资料：甲公司是 ABC 会计师事务所的常年审计客户，主要从事新能源汽车的生产和销售。A 注册会计师担任甲公司 2016 年财务报表审计和内部控制审计的项目合伙人，确定财务报表整体的重要性为 400 万元，实际执行的重要性为 200 万元。审计报告日为 2017 年 4 月 30 日。甲公司适用的企业所得税税率为 25%。

A 注册会计师复核实质性程序和控制测试的审计工作底稿，部分内容摘录如下：

(1)审计项目组聘请的外部法律专家对甲公司与消费者诉讼相关的预计负债作出 750 万元到 1 050 万元之间的区间估计，审计项目组使用该区间评价了管理层的会计估计，结果满意。

(2)注册会计师函证了被审计单位的应收账款，其中某笔应收账款的回函余额小于甲公司账面余额，财务经理解释差异是由于该客户将一批产品于 2017 年年初退回甲公司，并相应调减其对甲公司应付账款账面余额所致。审计项目组核对了退回产品的收货记录等资料，未发现差异，结果满意。

(3)审计项目组对银行存款账户的发生额实施审计程序，从银行对账单中选取交易的样本与甲公司银行日记账记录进行核对，未发现差异，结果满意。

(4)在实施控制测试时，审计项目组发现有 5 辆新能源汽车截至 2016 年年末尚未完工，提前办理机动车行驶证后申报政府补助。生产经理解释是内部质检流程因元旦假期而推迟所致。审计项目组检查了期后完工记录，结果满意。

要求：针对资料第(1)至(4)项，假定不考虑其他条件，逐项指出审计项目组的做法是否恰当。如不恰当，简要说明理由。

12.(财科所 2021)某会计事务所的 A 注册会计师负责审计东方公司 2020 年度财务报表。审计工作底稿中与函证相关的部分内容摘录如下：

(1)A 注册会计师对东方公司 2020 年内已经注销的某人民币银行账户实施函证，银行表示无法就已注销账户回函。A注册会计师检查了该银行账户的注销证明原件,并核对了从中国人民银行获取的《已开立银行结算账户清单》中的相关信息,结果满意。

(2)在实施应收账款函证程序时,A注册会计师将财务人员在发函信封上填写的客户地址与销售部门提供的客户清单中的地址进行核对后,亲自交予快递公司发出。

(3)东方公司根据销售合同在发出商品时确认收入,客户红星公司回函确认金额小于函证金额,东方公司管理层解释系期末发出商品在途所致。A注册会计师检查了合同、出库单以及签收单等支持性文件,并与红星公司财务人员电话确认了相关信息,结果满意。

(4)A注册会计师对应收账款余额实施了函证程序,有15家客户未回函。A注册会计师对其中14家实施了替代程序,结果满意,对剩余一家的应收账款余额,因其小于明显微小错报的临界值,A注册会计师不再实施替代程序。

(5)东方公司未对货到票未到的原材料进行暂估。A注册会计师从应付账款明细账中选取90%的供应商实施函证程序,要求供应商在询证函中填列余额信息。

要求:针对上述(1)至(5)项,逐项指出A注册会计师的做法是否恰当。如不恰当,请简要说明理由。

13.(北国会2013、南京信息工程2018)简述下列哪些职位属于不相容职务:

(1)执行某项经济事项;

(2)授权某项经济事项;

(3)检查某项经济事项;

(4)登记总账;

(5)登记明细账;

(6)登记日记账;

(7)进行账实核对;

(8)保管财物;

(9)登记财物。

14.(财科所2013)华为会计师事务所的注册会计师张华于2012年年底对盛达公司进行预审,包括对部分业务的内部控制测试和对部分交易、活动进行实质性程序。在预审中,张华发现以下情况:

(1)为使采购业务的不相容职务彻底分离,规定采购人员不得参与验收。收到供应商发来的货物后,必须由财会部门负责采购业务会计记录的人员进行验收登记,只有当所收货物与订单一致后,采购部门方能开具付款凭单。

(2)采购部门在办理付款业务时,对请购单、采购发票、结算凭证的签字、盖章、日期、数量、金额等进行严格审核。

(3)7月1日购入并安装价值50万元的生产用电子设备一台,当日投入生产。由于设备的特殊性质,需要3个月的试运行。在此期间内,随时可能要进行调试,根据这一情况,盛达公司从2012年10月1日起对该设备始提折旧。

(4)盛达公司于2012年年初建造一生产车间,10月份完工后投入使用,但出于种种原因,尚未办理完竣工手续,编制财务报表时,盛达公司对此车间仍在在建工程中反映。

要求：针对上述情况，请逐一判断被审计单位的相关内部控制是否存在缺陷，相关的经营活动及其会计处理是否符合企业会计则的规定，并简要说明原因。

二、简答题

1. (西北政法 2023)循环审计是什么？包括哪些？
2. (安徽财经 2015、河海大学 2017、浙江财经 2020)针对销售的发生认定应采取哪些审计程序？
3. (安徽财经 2021)审计单位可能存在未发货却将销售业务登记入账的情况，注册会计应该如何获取审计证据？
4. (华侨大学 2018)简述主营业务收入的审计目标。
5. (重庆理工 2020)针对营业收入"截止"认定应如何实施实质性程序？
6. (广东财经 2016)注册会计师可以考虑采用什么审计路线实施营业收入的截止测试？
7. (北京交通 2021)简述对营业收入的分析程序。
8. (东北师范 2019)简述应收账款函证要考虑的因素。
9. (财科所 2020、内蒙古大学 2020)应收账款函证有哪几类？分别在什么情况下使用？
10. (广东财经 2020)简述应收账款函证的处理方法。
11. (湖北工业 2022)简述应收账款函证的范围和对象。
12. (西北工业 2023)谈谈应收账款函证。
13. (财科所 2017、东北师范)在函证应收账款"存在"认定很可能无效时，注册会计师应当实施哪些替代审计程序？
14. (青岛科技 2020)注册会计师审计实务中，应收账款的审计程序有若干条，请列举出你认为最有效的三条审计程序，并说明你认为这三条审计程序特别有效的原因是什么。
15. (西南财经 2023)简述销售与收款循环的业务活动。
16. (四川师范 2021、东北石油 2021)简述销售与收款循环的内部控制。
17. (北京工商 2020)购货和销货的职位有哪些不相容？
18. (北京交通 2018)收入确认可能存在哪些舞弊风险？
19. (河北经贸 2019)举例不少于六个被审计单位通常采用的收入确认舞弊手段。
20. (华南师范 2020)其他应收款的金额很大，审计过程中要如何考虑？
21. (沈阳农业大学 2021)针对坏账准备的实质性程序有哪些？
22. (东北林业 2020)采购与付款循环的审计过程中涉及了哪些主要单据？请列举至少十个。
23. (沈阳建筑大学 2021)某公司有账龄四年的应付账款，注册会计师审计的时候没有进行进一步审计程序，你认为对吗？
24. (中南财经政法 2016)请简要谈谈，针对未入账的应付账款，应如何进行审计？
25. (北京工商 2018&2020)应付账款中哪些需要函证？
26. (北京交通 2018)期末时应如何确定应付账款的计价分摊是否准确以及是否存在有未收入项的应付账款？
27. (东北师范)存货监盘是什么？存货监盘的目的是什么？
28. (广东财经 2016)试述制定存货监盘计划之前应实施哪些工作。
29. (北京交通 2021)为什么难以对存货实施审计程序？

30. (河海大学 2018)如何进行存货审计？其中最重要的两个程序是什么？
31. (西京学院 2021、西北政法 2022、中国矿业(北京)2023)简述存货监盘的程序。
32. (山西财经 2022)存货监盘应注意哪些事项？
33. (西京学院 2022)存货监盘过程中可能存在哪些审计风险？
34. (北京交通 2021)如何针对存货跌价实施审计程序？
35. (沈阳建筑 2020)假定你是受聘的审计组成员，12月31日天气原因导致无法实施存货监盘活动。你到了被审计单位，检查了他们提供的盘点表，直接进行了确认。请问：这种行为是否正确，为什么？
36. (河南大学 2020)如何开展存货的截止性测试？
37. (广东财经 2021、东北师范)简述存货监盘的替代程序。
38. (华南师范 2020)企业的某存货10年没有计提减值准备，突然开始计提，审计工作人员要注意什么？
39. (江西理工 2018)现金内部控制的基本内容包括哪些？
40. (东北财经大学 2022)请列举至少三点和现金有关的内部控制。
41. (中南财经政法 2020)简述货币资金的内部控制原则。
42. (西北政法 2022&2021)简述库存现金的监盘程序。
43. (首都经济贸易 2023)简述库存现金盘点的要求。
44. (北京交通 2021)货币资金容易发生哪些错报？
45. (财科所 2021)注册会计师在货币资金审计中需要关注和保持警觉的事项或情形主要有哪些？
46. (山西财经大学 2022)阐述银行存款的审计过程。
47. (沈阳建筑 2023)注册会计师核对银行对账单的流程是什么？
48. (河北经贸 2019)简述银行存款函证的内容和作用。

三、论述题

1. (南开大学 2014)销售循环中针对完整性和发生目标分别具体怎么做？
2. (广东财经 2018)如果存货盘点日不是资产负债表日，审计师应如何进行审计？

第三篇

审计的工作结果

06 第六章
完成审计与审计报告

考情点拨

大白话解释本章内容
终于！经过"翻山越岭"，我们来到了审计流程的最后一个阶段——完成审计与编制审计报告。在这个阶段，注册会计师要进行更具综合性的工作：评价审计过程中发现的错报、复核审计工作底稿、与客户沟通获取书面声明……在此基础上形成审计意见、发布审计报告。
本章难度 ★★ **本章重要程度** ★★★
本章复习策略
本章多以简答题、案例题的形式出现。简答题以审计意见和审计报告等核心概念为主。案例题主要考查审计意见类型的判断，大家需要熟记各种审计意见对应的出具条件。

考点精讲

第一节 完成审计工作

评价审计过程中发现的错报 → 实施分析程序 → 复核审计工作 → 复核期后事项 → 获取书面声明

◆考点78·评价审计过程中发现的错报

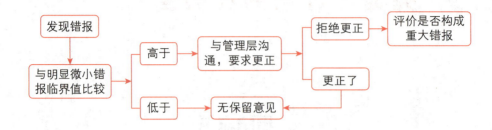

1. 沟通和更正错报

除非法律法规禁止，注册会计师应当及时将审计过程中累积的所有错报与适当层级的管理层进行沟通，并要求管理层更正累积的所有错报。

如果管理层拒绝更正沟通的部分或全部错报，注册会计师应当了解管理层不更正错报的理由，并在评价财务报表整体是否不存在重大错报时考虑该理由。

2. 重新评估重要性

如果在审计过程中获知了某项信息，而该信息可能导致注册会计师确定与原来不同的财务报表整体重要性或者特定类别交易、账户余额或披露的一个或多个重要性水平(如适用)，注册会计师应当予以修改，并重新考虑实际执行的重要性和进一步审计程序的性质、时间安排和范围的适当性，以获取充分、适当的审计证据，作为发表审计意见的基础。

3. 评价未更正错报

情形	考虑
单项错报	注册会计师需要考虑每一单项错报，以评价其对相关类别的交易、账户余额或披露的影响，包括是否超过特定类别的交易、账户余额或披露的重要性水平(如适用)
错报抵销	①如果注册会计师认为某一单项错报是重大的，则该项错报不太可能被其他错报抵销； ②对于同一账户余额或同一类别的交易内部的错报，这种抵销可能是适当的。然而，在得出抵销非重大错报是适当的这一结论之前，需要考虑可能存在其他未被发现的错报的风险
分类错报	确定一项分类错报是否重大，需要进行定性评估。例如，分类错报对负债或其他合同条款的影响，对单个财务报表项目或小计数的影响，以及对关键比率、盈亏状况的影响

续表

情形	考虑
错报性质	即使某些错报低于财务报表整体的重要性,但因与这些错报相关的某些情况,在将其单独或连同在审计过程中累积的其他错报一并考虑时,注册会计师也可能将这些错报评价为重大错报
以前错报	注册会计师应当考虑与以前期间相关的未更正错报对相关类别的交易、账户余额或披露以及财务报表整体的影响

4. 与治理层沟通未更正错报

除非法律法规禁止,注册会计师应当与治理层沟通未更正错报,以及这些错报单独或汇总起来可能对审计意见产生的影响。在沟通时,注册会计师应当逐项指明重大的未更正错报。注册会计师应当要求被审计单位更正未更正错报。

5. 获取相关书面声明

注册会计师应当要求管理层和治理层(如适用)提供书面声明,说明其是否认为未更正错报单独或汇总起来对财务报表整体的影响不重大。

【例1·多选】在评价未更正错报的影响时,下列说法中,注册会计师认为正确的有( )。

A. 未更正错报的金额不得超过明显微小错报的临界值

B. 注册会计师应当从金额和性质两方面确定未更正错报是否重大

C. 注册会计师应当要求被审计单位更正未更正错报

D. 注册会计师应当考虑与以前期间相关的未更正错报对相关类别的交易、账户余额或披露以及财务报表整体的影响

【解析】对于未更正错报,注册会计师应当以财务报表的重要性来评价其是否构成重大错报,而非明显微小错报的临界值。A项不正确。

【答案】BCD

【例2·单选】对于审计过程中累积的错报,下列做法中,正确的是( )。

A. 如果错报单独或汇总起来未超过财务报表整体的重要性,注册会计师可以不要求管理层更正

B. 如果错报单独或汇总起来未超过实际执行的重要性,注册会计师可以不要求管理层更正

C. 如果错报不影响确定财务报表整体的重要性时选定的基准,注册会计师可以不要求管理层更正

D. 除非法律法规禁止,注册会计师应当要求管理层更正审计过程中累积的所有错报

【解析】除非法律法规禁止,注册会计师应当及时将审计过程中累积的所有错报与适当层级的管理层沟通,并要求管理层更正这些错报。

【答案】D

◆ 考点 79 · 复核审计工作

1. 对财务报表总体合理性进行总体复核（链接第二章分析程序）

注册会计师应当在审计结束或临近结束时，运用分析程序以确定经审计调整后的财务报表整体是否与对被审计单位的了解一致，是否具有总体合理性。

2. 复核审计工作底稿

1) 项目组内部复核

要点	具体要求
复核人员	①应当由项目组内经验较多的人员复核经验较少的人员的工作； ②需要在制定审计计划时确定复核人员的指派，以确保所有工作底稿均得到适当层级人员的复核； ③对较为复杂、审计风险较高的领域（如舞弊风险的评估与应对、重大会计估计及其他复杂的会计问题、审核会议记录和重大合同、关联方关系和交易、持续经营存在的问题等），需要指派经验丰富的项目组成员复核，必要时可以由项目合伙人执行复核
复核范围	所有的审计工作底稿至少要经过一级复核
复核时间	审计项目组内部复核贯穿审计全过程
项目合伙人复核	责任	项目合伙人应当对会计师事务所分派的每项审计业务的总体质量负责
	内容	①重大事项； ②重大判断，包括与在审计中遇到的困难或有争议事项相关的判断，以及得出的结论； ③根据项目合伙人的职业判断，与项目合伙人的职责有关的其他事项
	要求	①项目合伙人无须复核所有审计工作底稿 ②项目合伙人应记录复核的范围和时间
	时间	在审计报告日或审计报告日之前完成

2) 项目质量复核

要点	具体要求
定义	项目质量复核，是指在报告日或报告日之前，项目质量复核人员对项目组作出的重大判断及据此得出的结论作出的客观评价
复核人员	安排经验丰富的注册会计师担任项目质量控制复核人员（独立于项目组）

续表

要点	具体要求
复核范围	会计师事务所应当就项目质量复核制定政策和程序，并对下列业务实施项目质量复核： ①上市实体财务报表审计业务； ②法律法规要求实施项目质量复核的审计业务或其他业务； ③会计师事务所认为，为应对一项或多项质量风险，有必要实施项目质量复核的审计业务或其他业务
复核时间	①只有完成项目质量控制复核，才能签署审计报告； ②审计报告的日期不得早于注册会计师获取充分、适当的审计证据，并在此基础上对财务报表形成审计意见的日期

【例3·单选】下列有关项目合伙人复核的说法中，错误的是(   )。
A. 项目合伙人无须复核所有审计工作底稿
B. 项目合伙人通常需要复核项目组对关键领域所做的判断
C. 项目合伙人应当复核与重大错报风险相关的所有审计工作底稿
D. 项目合伙人应当在审计工作底稿中记录复核的范围和时间

【解析】项目合伙人复核的内容包括：(1)对关键领域所作的判断，尤其是执行业务过程中识别出的疑难问题或争议事项；(2)特别风险；(3)项目合伙人认为重要的其他领域。所以选项C错误。

【答案】C

◆考点80·期后事项

1. 定义

期后事项是指财务报表日至审计报告日之间发生的事项，以及注册会计师在审计报告日后知悉的事实。

2. 期后事项的种类

要点	财务报表日后调整事项	财务报表日后非调整事项
定义	对财务报表日已经存在的情况提供证据的事项，需提请被审计单位管理层调整财务报表及与之相关的披露信息	对财务报表日后发生的情况提供证据的事项，即表明财务报表日后发生的情况的事项。这类事项虽不影响财务报表金额，但可能影响对财务报表的正确理解，需提请被审计单位管理层在财务报表附注中作适当披露

续表

要点	财务报表日后调整事项	财务报表日后非调整事项
特点	影响财务报表金额，需要提请被审计单位管理层调整财务报表及与之相关的披露信息	不影响财务报表金额，但影响财务报表使用者的决策，必要时需要在财务报表中以附注形式进行适当披露
举例	①财务报表日后诉讼案件结案，法院判决证实了企业在财务报表日已经存在现时义务，需要调整原先确认的与该诉讼案件相关的预计负债，或确认一项新负债； ②财务报表日后取得确凿证据，表明某项资产在报表日发生了减值或者需要调整该项资产原先确认的减值金额； ③财务报表日后进一步确定了财务报表日前购入资产的成本或售出资产的收入； ④财务报表日后发现了财务报表舞弊或差错	①财务报表日后发生的重大诉讼、仲裁、承诺； ②财务报表日后资产价格、税收政策、外汇汇率发生重大变化； ③财务报表日后自然灾害导致资产发生重大损失； ④财务报表日后发行股票和债券以及其他巨额举债； ⑤财务报表日后资本公积转增资本； ⑥财务报表日后发生巨额亏损； ⑦财务报表日后发生企业合并或处置子公司； ⑧财务报表日后企业利润分配方案中拟分配的及经审议批准宣告发放的股利或利润

3. 期后事项的三个时段

期后事项可以划分为三个时段：

第一个时段期后事项是财务报表日至审计报告日之间发生的事项；

第二个时段期后事项是审计报告日后至财务报表报出日前发现的事实；

第三个时段期后事项是财务报表报出日后发现的事实。

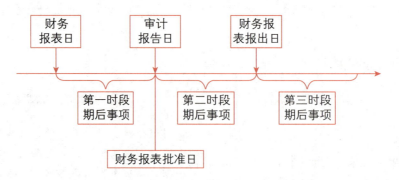

1) 第一时段期后事项的审计（财务报表日至审计报告日之间发生的事项）

责任	注册会计师负有主动识别的义务： ①应当设计和实施审计程序，获取充分、适当的审计证据，以确定所有在财务报表日至审计报告日之间发生的、需要在财务报表中调整或披露的事项均已得到识别； ②但是，并不需要对之前已实施审计程序并已得出满意结论的事项执行追加的审计程序
要求	针对期后事项的专门审计程序，其实施时间越接近审计报告日越好
知悉对财务报表有重大影响的期后事项时的处理	如果注册会计师识别出对财务报表有重大影响的期后事项，应当确定这些事项是否按照适用的财务报告编制基础的规定在财务报表中得到恰当反映： ①调整事项调整了吗 ②非调整事项披露了吗

2) 第二时段期后事项的审计（审计报告日后至财务报表报出日前发现的事实）

责任		①在审计报告日后，注册会计师没有义务针对财务报表实施任何审计程序； ②如果注册会计师在审计报告日后至财务报表报出日前知悉了某事实，且若在审计报告日知悉可能导致修改审计报告，注册会计师应当： • 与管理层和治理层讨论该事项 • 确定财务报表是否需要修改 • 如果需要修改，询问管理层将如何在财务报表中处理该事项
管理层修改财务报表时的处理	全面修改	①根据具体情况对有关修改实施必要的审计程序； ②将用以识别期后事项的审计程序延伸至新的审计报告日，并针对修改后的财务报表出具新的审计报告。新的审计报告日不应早于修改后的财务报表被批准的日期
	局部修改	如果管理层对财务报表的修改仅限于反映导致修改的期后事项的影响，被审计单位的董事会、管理层或类似机构也仅对有关修改进行批准，注册会计师可以仅针对有关修改将用以识别期后事项的第一时段的审计程序延伸至新的审计报告日。在这种情况下，注册会计师应当选用下列处理方式之一： ①修改审计报告，针对财务报表的修改部分增加补充报告日期，从而表明注册会计师对期后事项实施的审计程序仅限于财务报表相关附注所述的修改； ②出具新的或经修改的审计报告，在强调事项段或其他事项段中说明注册会计师对期后事项实施的审计程序仅限于财务报表相关附注所述的修改

续表

管理层不修改财务报表时的处理	①审计报告尚未提交给被审计单位：注册会计师应当按照规定发表非无保留意见，然后再提交审计报告； ②审计报告已经提交给被审计单位：注册会计师应当通知管理层和治理层在财务报表作出必要修改前不要向第三方报出； ③如果财务报表在未经必要修改的情况下仍被报出，注册会计师应当采取适当措施，以设法防止财务报表使用者信赖该审计报告

3) 第三时段期后事项的审计(财务报表报出日后发现的事实)

责任	①注册会计师没有义务针对第三时段期后事项实施任何审计程序； ②在财务报表报出后，如果注册会计师知悉了某事实，且若在审计报告日知悉可能导致修改审计报告，注册会计师应当： • 与管理层和治理层讨论该事项 • 确定财务报表是否需要修改 • 如果需要修改，询问管理层将如何在财务报表中处理该事项
管理层修改财务报表时的处理	①根据具体情况对有关修改实施必要的审计程序； ②复核管理层采取的措施能否确保所有收到原财务报表和审计报告的人士了解这一情况； ③延伸实施审计程序，并针对修改后的财务报表出具新的审计报告； ④在特殊情况下，修改审计报告或提供新的审计报告。注册会计师应当在新的或修改的审计报告中增加强调事项段或其他事项段，提醒财务报表使用者关注财务报表附注中有关修改原财务报表的详细原因和注册会计师提供的原审计报告
管理层未采取任何行动时的处理	①如果管理层没有采取必要措施确保所有收到原财务报表的人士了解这一情况，也没有在注册会计师认为需要修改的情况下修改财务报表，注册会计师应当通知管理层和治理层，注册会计师将设法防止财务报表使用者信赖该审计报告； ②如果注册会计师已经通知管理层或治理层，而管理层或治理层没有采取必要措施，注册会计师应当采取适当措施，以设法防止财务报表使用者信赖该审计报告

【例4·单选】关于注册会计师对期后事项的责任，下列表述中错误的是(　　)。

A. 有责任实施必要的审计程序，以确定截至审计报告日发生的期后事项是否均已得到识别

B. 在审计报告日后，没有责任针对财务报表实施审计程序

C. 在审计报告日后至财务报表报出日前，如果知悉可能对财务报表产生重大影响的事实，有责任采取措施

D. 在财务报表报出日后，如果知悉可能对财务报表产生重大影响的事实，没有责任采取措施

【解析】在财务报表报出日后，如果知悉了某事实，且若在审计报告日知悉可能导致修改审计报告，注册会计师有责任采取以下措施：与管理层和治理层讨论该事项；确定财务报表是否需要修改；如果需要修改，询问管理层将如何在财务报表中处理该事项。

【答案】D

◆ 考点 81 · 获取书面声明

注册会计师在完成审计工作阶段出具审计报告前，应取得被审计单位书面声明，以明确会计责任与审计责任。

1. 含义

被审计单位书面声明，是指管理层向注册会计师提供的书面陈述，用以确认某些事项或支持其他审计证据。书面声明不包括财务报表及其认定，以及支持性账簿和相关记录。

2. 性质

(1)书面声明是注册会计师在财务报表审计中需要获取的必要信息，是审计证据的重要来源。

(2)如管理层修改书面声明的内容或不提供注册会计师要求的书面声明，可能使注册会计师警觉存在重大问题的可能性。

(3)尽管书面声明提供必要的审计证据，但其本身并不为所涉及的任何事项提供充分、适当的审计证据。

(4)管理层已提供可靠书面声明的事实，并不影响注册会计师就管理层责任履行情况或具体认定获取的其他审计证据的性质和范围。

3. 两类书面声明

1) 针对管理层责任的书面声明

注册会计师应当要求管理层针对财务报表的编制、提供的信息和交易的完整性提供书面声明。如果未从管理层获取其确认已履行责任的书面声明，注册会计师在审计过程中获取的有关管理层已履行这些责任的其他审计证据是不充分的。

针对财务报表的编制	管理层确认其根据审计业务约定条款，履行了按照适用的财务报告编制基础编制财务报表并使其实现公允反映的责任
针对提供的信息和交易的完整性	①按照审计业务约定条款，已向注册会计师提供所有相关信息，并允许注册会计师不受限制地接触所有相关信息以及被审计单位内部人员和其他相关人员；②所有交易均已记录并反映在财务报表中

2) 其他书面声明

如果注册会计师认为有必要获取一项或多项其他书面声明，以支持与财务报表或者一项或多项具体认定相关的其他审计证据，应当要求管理层提供这些书面声明。其包括关于财务报表的额外书面声明、与向注册会计师提供信息有关的额外书面声明以及关于特定认定的书面声明。

4. 书面声明的日期和涵盖的期间

(1)书面声明的日期应当尽量接近对财务报表出具审计报告的日期，但不得在审计报告日后。

(2)书面声明应当涵盖审计报告针对的所有财务报表和期间。

(3)如果在审计报告中提及的所有期间，现任管理层均尚未就任，现任管理层可能由此声称无法就审计报告中提及的所有期间提供部分或全部书面声明。这一事实并不能减轻现任管理层对财务报表整体的责任。相应地，注册会计师仍然需要向现任管理层获取涵盖整个相关期间的书面声明。

5. 对书面声明可靠性的疑虑以及管理层不提供要求的书面证明

情形	应对措施
对管理层的胜任能力、诚信、道德价值观或勤勉尽责存在疑虑	注册会计师应当确定这些疑虑对书面或口头声明和审计证据总体的可靠性可能产生的影响。注册会计师可能认为，管理层在财务报表中作出不实陈述的风险很大，以至于审计工作无法进行。除非治理层采取适当的纠正措施，否则注册会计师可能需要考虑解除业务约定
书面声明与其他审计证据不一致	注册会计师应当实施审计程序以设法解决这些问题，可能需要考虑风险评估结果是否仍然适当。如果认为书面声明不可靠，注册会计师应当采取适当措施，包括确定其对审计意见可能产生的影响
管理层不提供要求的书面声明	注册会计师应当： ①与管理层讨论该事项； ②重新评价管理层的诚信，并评价该事项对书面或口头声明和审计证据总体的可靠性可能产生的影响； ③采取适当措施，包括确定该事项对审计意见可能产生的影响
	如果存在下列情形之一，应当对财务报表发表无法表示意见： ①注册会计师对管理层的诚信产生重大疑虑，以至于认为其作出的书面声明不可靠； ②管理层不提供针对管理层责任的书面声明（针对财务报表的编制和提供的信息、交易完整性作出的声明）

【例5·多选】下列各项中，应当列入书面声明的有(　　)。

A. 管理层认为，未更正错报单独或汇总起来对财务报表整体的影响不重大

B. 被审计单位已向注册会计师披露了管理层注意到的、可能影响被审计单位的与舞弊或

舞弊嫌疑相关的所有信息

C. 所有交易均已记录并反映在财务报表中

D. 被审计单位将及时足额支付审计费用

【解析】被审计单位将及时足额支付审计费用不属于书面声明的内容，选项 D 错误。

【答案】ABC

【例6·单选】下列有关书面声明的作用的说法中，错误的是（   ）。

A. 书面声明是审计证据的重要来源

B. 要求管理层提供书面声明而非口头声明，可以提高管理层声明的质量

C. 在某些情况下，书面声明可能可以为相关事项提供充分、适当的审计证据

D. 书面声明可能影响注册会计师需要获取的审计证据的性质和范围

【解析】书面声明是注册会计师在财务报表审计中需要获取的必要信息，是审计证据的重要来源，尽管书面声明提供必要的审计证据，但其本身并不为所涉及的任何事项提供充分、适当的审计证据（选项 C 错误）。

【答案】C

第二节 审计报告的基本内容

考点82·审计报告概述

1. 审计报告的含义

审计报告（audit report）是指注册会计师根据审计准则的规定，在执行审计工作的基础上，对财务报表发表审计意见的书面文件。

【例7·单选·长沙理工2017】审计报告是注册会计师对（   ）发表审计意见的书面性文件。

A. 会计记录　　　　　　　　B. 会计账簿

C. 会计资料　　　　　　　　D. 财务报表

【解析】审计报告是指注册会计师根据审计准则的规定，在执行审计工作的基础上，对财务报表发表审计意见的书面文件。

【答案】D

2. 审计报告的作用

注册会计师签发的审计报告，主要具有鉴证、保护和证明三方面的作用。

1) 鉴证作用

注册会计师签发的审计报告，不同于政府审计和内部审计的审计报告，是以超然独立的第

三者身份，对被审计单位财务报表合法性、公允性发表意见。这种意见，具有鉴证作用，得到了政府、投资者和其他利益相关者的普遍认可。

2) 保护作用

注册会计师通过审计，可以对被审计单位财务报表出具不同类型审计意见的审计报告，以提高或降低财务报表使用者对财务报表的信赖程度，能够在一定程度上对被审计单位的债权人和股东以及其他利害关系人的利益起到保护作用。

3) 证明作用

审计报告是对注册会计师审计任务完成情况及其结果所作的总结，它可以表明审计工作的质量并明确注册会计师的审计责任。

◆ 考点 83 · 审计报告的要素

审计报告应当包括下列要素：

(1)标题；(2)收件人；(3)审计意见；(4)形成审计意见的基础；(5)管理层对财务报表的责任；(6)注册会计师对财务报表审计的责任；(7)按照相关法律法规的要求报告的事项(如适用)；(8)注册会计师的签名和盖章；(9)会计师事务所的名称、地址和盖章；(10)报告日期。

◆ 考点 84 · 审计报告日

(1)审计报告日<u>不应早于</u>注册会计师获取充分、适当的审计证据(包括管理层认可对财务报表的责任且已批准财务报表的证据)，并在此基础上对财务报表形成审计意见的日期。

(2)在确定审计报告日时，注册会计师应当确信已获取下列两方面的审计证据：
① 构成整套财务报表的所有报表(包括相关附注)已编制完成；
② 被审计单位的董事会、管理层或类似机构已经认可其对财务报表负责。

(3)注册会计师签署审计报告的日期通常与管理层签署已审计财务报表的日期为同一天，或晚于管理层签署已审计财务报表的日期。

第三节　审计意见的形成和类型

注册会计师应当就财务报表是否在所有重大方面按照适用的财务报告编制基础编制并实现公允反映形成审计意见。在得出结论时，注册会计师应当考虑下列方面：

(1)按照审计准则的规定，<u>是否已获取充分、适当的审计证据</u>；
(2)按照审计准则的规定，<u>未更正错报单独或汇总起来是否构成重大错报</u>；
(3)评价财务报表是否在所有重大方面按照适用的财务报告编制基础编制；
(4)评价财务报表是否实现公允反映；

(5)评价财务报表是否恰当提及或说明适用的财务报告编制基础。

◆ 考点 85 · 审计意见的类型

标准审计报告,是指不含有说明段、强调事项段、其他事项段或其他任何修饰性用语的无保留意见的审计报告。

【例8·多选·长沙理工2017】非无保留意见类型的审计报告包括( )。
A. 无法表示意见审计报告
B. 保留意见审计报告
C. 带强调事项段无保留意见审计报告
D. 否定意见审计报告
【解析】保留意见、否定意见、无法表示意见均为非无保留意见。
【答案】ABD

◆ 考点 86 · 审计意见的形成

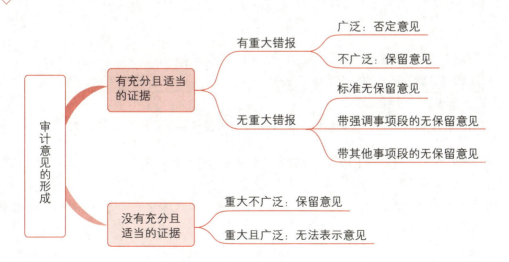

1. 何为重大错报

错报是指某一财务报表项目的金额、分类、列报或披露,与按照适用的财务报告编制基础应当列示的金额、分类、列报或披露之间存在的差异。如果合理预期错报(包括漏报)单独或汇总起来可能影响财务报表使用者的经济决策,则通常认为错报是重大的。

2. 何为无法获取充分、适当的审计证据

情形	说明
超出被审计单位控制的情形	①被审计单位的会计记录已被毁坏; ②重要组成部分的会计记录已被政府有关机构无限期地查封
与注册会计师工作的性质或时间安排相关的情形	①注册会计师无法获取有关联营企业财务信息的充分、适当的审计证据以评价是否恰当运用了权益法; ②注册会计师接受审计委托的时间安排,使其无法实施存货监盘; ③注册会计师确定仅实施实质性程序是不充分的,但被审计单位的控制是无效的
管理层施加限制的情形	①管理层阻止注册会计师实施存货监盘; ②管理层阻止注册会计师对特定账户余额实施函证

3. 何为对财务报表影响重大

注册会计师需要从定量和定性两个方面考虑是否构成对财务报表的重大影响。

(1)定量的标准通常是注册会计师确定的财务报表整体的重要性或特定类别的交易、账户余额或披露的重要性水平。

(2)定性考虑错报是否重大时,注册会计师需要运用判断评估错报的性质是否严重,是否会影响财务报表使用者的经济决策。例如,错报是否是由舞弊导致的?是否影响盈亏状况趋势、关键财务比率?汇总起来是否超过重要性水平?

4. 何为广泛

(1)不限于对财务报表的特定要素、账户或项目产生影响。

(2)虽然仅对财务报表的特定要素、账户或项目产生影响,但这些要素、账户或项目是或可能是财务报表的主要组成部分。

(3)当与披露相关时,产生的影响对财务报表使用者理解财务报表至关重要。

【例9·判断·央财2016】如果财务报表中存在尚未调整的已发现错报、漏报,那么注册会计师出具无保留意见是不恰当的。( )

【解析】如果尚未调整的错报漏报在性质上不重要,金额总计不超过重要性水平,则对财务报表的影响并不大,仍然可以发表无保留意见的审计报告。

【答案】×

【例10·多选】下列各项错报中，通常对财务报表具有广泛影响的有（   ）。

A. 被审计单位没有披露关键管理人员薪酬
B. 信息系统缺陷导致的应收账款、存货等多个财务报表项目的错报
C. 被审计单位没有将年内收购的一家重要子公司纳入合并范围
D. 被审计单位没有按照成本与可变现净值孰低原则对存货进行计量

【解析】信息系统缺陷，未将子公司纳入合并范围将会涉及多个财务报表项目而不局限于特定的项目，因此属于对财务报表影响广泛。

【答案】BC

5. 常见案例判断

案例	错报？受限？	是否广泛	报告类型
无法对被审计单位某一重要联营企业的财务信息执行必要的审计工作	受限	否	保留意见
联营企业使用权益法不当	错报	否	保留意见
无法对被审计单位某一重要子公司的财务信息执行审计工作	受限	是	无法表示意见
重要子公司未合并	错报	是	否定意见
无法就期末和期初存货余额以及当期的存货增减变动情况获取充分、适当的审计证据	受限	是	无法表示意见
处于筹建期，其年末账面资产余额的80%为在建工程，注册会计师无法就年末在建工程余额获取充分、适当的审计证据	受限	是	无法表示意见
S公司连续两年均亏损，本年实现净利润1.6亿元，其中包括控股股东债务豁免收益2.3亿元	错报	是	否定意见
D公司应确认的一项销售费用200万元没有进行确认，D公司年度利润总额为180万元。	错报	是	否定意见

佳姐翻译

案例题中如何确定非无保留意见类型？

对于确定非无保留意见类型这类题目，一旦涉及错报和范围受限，就一定是"重大的"，不需要我们去根据财务报表重要性水平和性质去判断是否构成"重大"。直接从"重大错报"与"范围受限"的区分开始。

第一步，判断案例属于"重大错报"还是"范围受限"。

我们可以利用"注册会计师能否给出解决方案"来进行判断。如果注册会计师有方案，说明这件事注册会计师知道该怎么做，但是被审计单位做的不对，所以属于"重大错报"。但如果连注册会计师也不能给出解决方案，说明注册会计师无法获取充分、适当的审计证据，这就属于"范围受限"了。

第二步，判断案例是否属于"影响广泛"。

在考试中，以下两类情形满足其一即构成"影响广泛"。

①影响多个项目。如果重大错报或范围受限影响三个以上（包括三个）的报表项目，就构成影响广泛，比如重要子公司相关情况的影响、存在高级管理人员的较大范围舞弊、影响多个财务报表项目的系统性错报或范围受限。

②仅影响2个项目（由于借贷记账法，至少影响2个），但该项目为财务报表主要组成部分。怎么判断是不是构成主要组成部分呢？一般就是看题目有没有给出"极端数字"，或者该影响是否引起质变，例如使被审计单位由盈转亏的错报、占资产总额80%的在建工程发生错报、违规占用资金和违规担保余额合计为上市公司年末净资产余额的数倍。

第三步，给出非无保留意见的类型。需要注意，在审计意见类型可以显著区分的情形下，必须做出准确辨析，而不能给出模棱两可的答案。

◆ 考点87 · 考虑持续经营的影响

持续经营假设是会计确认和计量的基本假设之一，财务报表通常是在此假设基础上编制的。因此，注册会计师应当就管理层编制财务报表时运用持续经营假设的适当性，获取充分、适当的审计证据，并考虑其对审计报告的影响。

1. 可能导致持续经营能力产生疑虑的事项

情形	事项
财务方面	①资不抵债； ②无法偿还到期债务； ③无法偿还即将到期且难以展期的借款； ④无法继续履行重大借款合同中的有关条款； ⑤存在大额的逾期未缴税金； ⑥无法获得供应商的正常商业信用； ⑦过度依赖短期借款筹资； ⑧累计经营性亏损数额巨大； ⑨难以获得开发必要新产品或进行必要投资所需资金； ⑩营运资金出现负数； ⑪经营活动产生的现金流量净额为负数； ⑫大股东长期占用巨额资金

续表

情形	事项
财务方面	⑬重要子公司无法持续经营且未进行处理； ⑭存在大量长期未作处理的不良资产； ⑮存在因对外巨额担保等或有事项引发的或有负债
经营方面	①主导产品不符合国家产业政策； ②失去主要市场、特许权或主要供应商； ③人力资源或重要原材料短缺； ④关键管理人员离职且无人替代
其他方面	①严重违反有关法律、法规或政策； ②异常原因导致停工停产； ③有关法律、法规或政策的变化可能造成重大不利影响； ④经营期限即将到期且无意继续经营； ⑤投资者未履行协议、合同、章程规定的义务，并有可能造成重大不利影响； ⑥因自然灾害、战争等不可抗力因素遭受严重损失

2. 持续经营假设审计结论对审计报告的影响

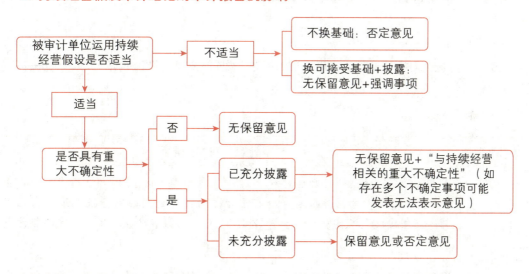

3. 常见案例判断

案例	错报？受限？	是否广泛	报告类型
由于生产活动产生严重污染，被当地政府部门责令无限期停业整改。截至审计报告日，管理层的整改计划尚待董事会批准。管理层按照持续经营假设编制了2013年度财务报表，并在财务报表附注中披露了上述情况	—	—	无保留意见＋以"与持续经营假设相关的重大不确定性"为标题的单独部分

续表

案例	错报？受限？	是否广泛	报告类型
已停止经营活动，董事会拟于次年清算，仍以持续经营假设编制财务报表	错报	广泛	否定意见
被审计单位连续多年严重亏损，资不抵债，大量债务违约并涉及诉讼，多个银行账户被冻结，大量资产被查封。注册会计师认为导致对被审计单位持续经营能力产生重大疑虑的事项和情况存在多个重大不确定性，注册会计师无法判断被审计单位采用持续经营假设编制本期财务报表是否适当，从而无法对财务报表整体形成审计意见	受限	广泛	无法表示意见

◆ 考点88 · 非无保留意见的审计报告的格式和内容

1. 标题

注册会计师应当对审计意见段使用恰当的标题，如"保留意见""否定意见"或"无法表示意见"。

2. 意见段内容

意见类型	在审计意见段中说明
保留意见	因重大错报：注册会计师认为，除了"形成保留意见的基础"部分所述事项产生的影响外，后附的财务报表在所有重大方面按照适用的财务报告编制基础编制，公允反映了××公司××年12月31日的财务状况以及××年度的经营成果和现金流量
保留意见	因无法获取充分、适当的审计证据：注册会计师认为，除……可能产生的影响外，后附的财务报表在所有重大方面按照适用的财务报告编制基础编制，公允反映了××公司××年12月31日的财务状况以及××年度的经营成果和现金流量
否定意见	注册会计师认为，由于"形成否定意见的基础"部分所述事项的重要性，后附的财务报表没有在所有重大方面按照适用的财务报告编制基础编制，未能公允反映××公司××年12月31日的财务状况以及××年度的经营成果和现金流量

续表

意见类型	在审计意见段中说明
无法表示意见	由于"形成无法表示意见的基础"部分所述事项的重要性，注册会计师无法获取充分、适当的审计证据以作为对财务报表发表审计意见的基础，因此，注册会计师不对后附的××公司财务报表发表审计意见

如果对财务报表发表非无保留意见，除规定的审计报告要素外，还应当直接在审计意见段之后增加一个部分，并使用恰当标题，如"形成保留意见的基础""形成否定意见的基础"或"形成无法表示意见的基础"，说明导致发表非无保留意见的事项。

第四节 沟通关键审计事项

◆ 考点89·关键审计事项的含义和作用

1. 含义

关键审计事项，是指注册会计师根据职业判断认为对当期财务报表审计最为重要的事项。

2. 作用

(1)可以提高已执行审计工作的透明度，从而提高审计报告的决策相关性和有用性。

(2)能够为财务报表使用者提供额外的信息，以帮助其了解被审计单位、已审计财务报表中涉及重大管理层判断的领域，以及注册会计师根据职业判断认为对当期财务报表审计最为重要的事项。

(3)能够为财务报表预期使用者就与被审计单位、已审计财务报表或已执行审计工作相关的事项进一步与管理层和治理层沟通提供基础。

◆ 考点90·确定关键审计事项的决策框架

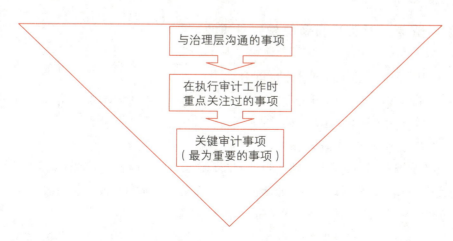

1. 以"与治理层沟通的事项"为起点选择关键审计事项

审计准则要求注册会计师与被审计单位治理层沟通审计过程中的重大发现,包括注册会计师对被审计单位的重要会计政策、会计估计和财务报表披露等会计实务的看法,审计过程中遇到的重大困难,已与治理层讨论或需要书面沟通的重大事项等,以便治理层履行其监督财务报告过程的职责。

2. 从"与治理层沟通的事项"中选出"在执行审计工作时重点关注过的事项"

注册会计师重点关注过的领域通常与财务报表中复杂、重大的管理层判断领域相关,因而通常涉及困难或复杂的注册会计师职业判断;通常影响注册会计师总体审计策略以及对这些事项分配的审计资源和审计工作力度。确定时的考虑因素如下:
(1)评估的重大错报风险较高的领域或识别出的特别风险;
(2)与财务报表中涉及重大管理层判断(包括被认为具有高度估计不确定性的会计估计)的领域相关的重大审计判断;
(3)当期重大交易或事项对审计的影响。

3. 从"在执行审计工作时重点关注过的事项"中选出"最为重要的事项"

关键审计事项的数量并不意味着只有一项,可能受被审计单位规模和复杂程度、业务和经营环境的性质,以及审计业务具体事实和情况的影响。

注册会计师可能已就需要重点关注的事项与治理层进行了较多的互动,就这些事项与治理层进行沟通的性质和范围,通常能够表明哪些事项对审计而言最为重要。考虑因素包括:
(1)对预期使用者理解财务报表整体的重要程度,尤其是对财务报表的重要性;
(2)管理层在选择适当的会计政策时涉及的复杂程度或主观程度;
(3)相关的由舞弊或错误导致的已更正错报和累积未更正错报(如有)的性质和重要程度;
(4)为应对该事项所需要付出的审计努力的性质和程度;
(5)注册会计师遇到的困难的性质和严重程度;
(6)识别出的与该事项相关的控制缺陷的严重程度;
(7)是否涉及数项可区分但又相互关联的审计考虑。

◆考点91·在审计报告中沟通关键审计事项

1. 在审计报告中单设关键审计事项部分

注册会计师应当在审计报告中单设一部分,以"关键审计事项"为标题,并在该部分使用恰当的子标题逐项描述关键审计事项。

关键审计事项部分的引言应当同时说明下列事项:
(1)关键审计事项是注册会计师根据职业判断,认为对本期财务报表审计最为重要的事项;
(2)关键审计事项的应对以对财务报表整体进行审计并形成审计意见为背景,注册会计师对财务报表整体形成审计意见,而不对关键审计事项单独发表意见。

2. 披露要求

(1)导致非无保留意见的事项、可能导致对被审计单位持续经营能力产生重大疑虑的事项或情况存在重大不确定性等，虽然符合关键审计事项的定义，但这些事项在审计报告中专门的部分披露，不在关键审计事项部分披露。注册会计师应当按照适用的审计准则的规定报告这些事项，并在关键审计事项部分提及形成保留(否定)意见的基础部分或与持续经营相关的重大不确定性部分，可以表述为"除形成保留(否定)意见的基础部分或与持续经营相关的重大不确定性部分所描述的事项外，我们确定不存在其他需要在审计报告中沟通的关键审计事项"。

(2)在关键审计事项部分披露的关键审计事项必须是已经得到满意解决的事项，即不存在审计范围受到限制，也不存在注册会计师与被审计单位管理层意见分歧的情况。

(3)注册会计师在对财务报表无法表示意见时，不得在审计报告中沟通关键审计事项，除非法律法规要求沟通。

3. 描述单一关键审计事项

要点	事项
描述内容	注册会计师应当在审计报告中逐项描述每一关键审计事项，并同时说明： (1)该事项被认定为审计中最为重要的事项之一，因而被确定为关键审计事项的原因； (2)该事项在审计中是如何应对的(应对措施、已实施审计程序、实施审计程序的结果、对该事项做出的主要看法)
描述要求	(1)在描述时，注册会计师还应当分别索引至财务报表的相关披露(如有)，以使预期使用者能够进一步了解管理层在编制财务报表时如何应对这些事项； (2)不暗示注册会计师在对财务报表形成审计意见时尚未恰当解决该事项； (3)将该事项与被审计单位的具体情形紧密相扣，避免使用通用或标准化的语言； (4)考虑该事项在相关财务报表披露(如有)中是如何处理的； (5)不包含或暗示对财务报表单一要素单独发表的意见

4. 不沟通关键审计事项的情形

除非存在下列情形之一，注册会计师应当在审计报告中逐项描述关键审计事项：

(1)法律法规禁止公开披露某事项；

(2)在极其罕见的情况下，注册会计师合理预期在审计报告中沟通某事项造成的负面后果超过产生的公众利益方面的益处。

5. 与关键审计事项相关的情形总结

情形	应对措施
导致非无保留意见的事项	不得在审计报告的关键审计事项部分描述
导致对被审计单位持续经营能力产生重大疑虑的事项或情况存在重大不确定性	不得在审计报告的关键审计事项部分描述

续表

情形	应对措施
注册会计师在审计报告中发表无法表示意见	除非法律法规要求，否则审计报告中不得含有"关键审计事项"部分
法律法规禁止公开披露某事项，或在极少数情形下，注册会计师合理预期在审计报告中沟通某事项造成的负面后果超过在公众利益方面产生的益处	可以不在审计报告中沟通该事项
注册会计师确定不存在需要沟通的关键审计事项	应当在"关键审计事项"部分说明该事实

第五节　在审计报告中增加强调事项段和其他事项段

◆ 考点 92 · 强调事项段和其他事项段

1. 含义

审计报告的强调事项段是指审计报告中含有的一个段落，该段落提及已在财务报表中恰当列报或披露的事项，根据注册会计师的职业判断，该事项对财务报表使用者理解财务报表至关重要。

其他事项段是指审计报告中含有的一个段落，该段落提及未在财务报表中列报或披露的事项，根据注册会计师的职业判断，该事项与财务报表使用者理解审计工作、注册会计师的责任或审计报告相关。

2. 增加强调事项段或其他事项段的情形

要点	增加强调事项段	增加其他事项段
适用标准	同时满足： ①该事项已披露在财务报表； ②注册会计师根据职业判断认为该事项对财务报表使用者至关重要； ③注册会计师认为有必要提醒财务报表使用者	同时满足： ①该事项未披露在财务报表； ②注册会计师根据职业判断认为与财务报表使用者理解审计工作、注册会计师的责任或审计报告相关的事项
要求	同时满足： ①该事项不会导致注册会计师发表非无保留意见；	同时满足： ①未被法律法规禁止；

续表

要点	增加强调事项段	增加其他事项段
要求	②该事项**未被确定为**在审计报告中沟通的**关键审计事项**	②该事项未被确定为在审计报告中沟通的关键审计事项
示例	①**异常诉讼**或**监管行动**的未来结果存在不确定性; ②提前应用对财务报表有广泛影响的新会计准则; ③存在已经或持续对被审计单位财务状况产生重大影响的**特大灾难**; ④在财务报表日至审计报告日之间发生的重大期后事项	①与使用者理解审计工作相关的情形,例如:由于管理层对审计范围施加的限制具有广泛性,而注册会计师却不能解除业务约定时,可以增加其他事项段,解释为何不能解除业务约定; ②与使用者理解注册会计师的责任或审计报告相关的情形; ③对两套以上财务报表出具审计报告的情形; ④**限制审计报告分发和使用**的情形

【例11·单选】针对下列提及的相关事项,注册会计师认为不需要考虑增加强调事项段的是( )。

A. 异常诉讼或监管行动的未来结果存在不确定性

B. 在财务报表日至审计报告日发生的重大期后事项

C. 存在已经或持续对被审计单位财务状况产生重大影响的特大灾难

D. 对两套以上财务报表出具审计报告的情形

【解析】对两套以上财务报表出具审计报告的情形,注册会计师应该考虑增加其他事项段,而不是增加强调事项段。所以选项D错误。

【答案】D

【例12·案例】ABC会计师事务所首次接受委托,审计上市公司甲公司2015年度财务报表,委托A注册会计师担任项目合伙人。相关事项如下:A注册会计师发现甲公司2014年度财务报表存在某项重大错报。管理层对2015年度财务报表的对应数据进行了适当重述,并在财务报表附注中作出了充分披露。A注册会计师在2015年度审计报告中增加其他事项段说明了这一情况,并提及了前任注册会计师对对应数据出具的审计报告。

要求:指出A注册会计师的做法是否恰当。如不恰当,简要说明理由。

【答案】不恰当。针对该事项,注册会计师可以增加强调事项段以描述这一情况,并提及详细描述该事项的相关披露在财务报表中的位置。

【例13·案例·财科所2015】新华会计师事务所的注册会计师张某担任多家被审计单位的2013年度财务报表审计的项目合伙人,在审计过程中遇到下列导致出具非标准审计报告的事项:

(1) A 公司为新华会计师事务所 2013 年度承接的新客户，前任注册会计师由于未就 2011 年 12 月 31 日存货余额获取充分、适当的审计证据，对 A 公司 2012 年度财务报表发表了保留意见。审计项目组认为，导致保留意见的事项对本期数据本身没有影响。

(2) 2013 年 10 月，上市公司 B 公司因涉嫌信息披露违规被证券监管机构立案稽查。截至审计报告日，尚无稽查结论。管理层在财务报表附注中披露了上述事项。

(3) C 公司管理层对固定资产实施减值测试，按照未来现金流量现值与固定资产账面净值的差额确认了重大减值损失。管理层无法提供相关信息以支持现金流量预测中假设的未来 5 年营业收入，审计项目组也无法作出估计。

(4) 2014 年 2 月，D 公司由于生产经营活动产生严重污染，被当地政府部门责令无限期停业整改。截至审计报告日，管理层的整改计划尚待董事会批准。管理层按照持续经营假设编制了 2013 年度财务报表，并在财务报表附注中披露了上述情况。审计项目组认为管理层运用持续经营假设符合 D 公司的具体情况。

(5) E 公司于 2013 年 9 月起停止经营活动，董事会拟于 2014 年内清算 E 公司。2013 年 12 月 31 日，E 公司账面资产余额主要为货币资金、其他应收款以及办公家具等固定资产，账面负债余额主要为其他应付款和应付工资。管理层认为，如采用非持续经营编制基础，对上述资产和负债的计量并无重大影响，因此仍以持续经营假设编制 2013 年度财务报表，并在财务报表附注中披露了清算计划。

(6) 2013 年 1 月 1 日，F 公司通过收购取得子公司 G 公司。由于 G 公司账目混乱，F 公司管理层决定在编制 2013 年度合并财务报表时不将其纳入合并范围。G 公司 2013 年度的营业收入和税前利润约占 F 公司未审合并财务报表相应项目的 30%。

要求：针对上述第(1)至第(6)项，假定不考虑其他条件，逐项指出注册会计师张某应当出具何种类型的非标准审计报告，并简要说明理由。

【答案】

(1) 应出具保留意见的审计报告。理由：2012 年年初存货会影响 2012 年度财务报表的经营成果，该事项对本期数据和对应数据的可比性存在影响，应该发表保留意见。

(2) 应出具带强调事项段的无保留意见审计报告。理由：异常诉讼或监管行动的未来结果存在不确定性，且已在报表中进行披露，应提醒财务报表使用者关注。

(3) 应出具保留意见。理由：无法获取充分、适当的审计证据，且只与固定资产减值相关，不广泛。

(4) 以"持续经营相关的重大不确定性"为标题的单独部分的无保留意见的审计报告。理由：导致对持续经营能力产生疑虑的事项或情况具有重大不确定性，应提醒财务报表使用者关注。

(5) 应出具否定意见的审计报告。理由：运用持续经营假设不适当。

(6) 应出具否定意见的审计报告。理由：重要子公司未合并，导致合并财务报表重大而广泛的错报。

真题精练

一、单项选择题

1. 下列有关注册会计师对错报进行沟通的说法中，错误的是(　　)。
    A. 除非法律法规禁止，注册会计师应当及时将审计过程中发现的所有错报与适当层级的管理层进行沟通
    B. 注册会计师应当要求管理层更正审计过程中发现的超过明显微小错报临界值的错报
    C. 注册会计师应当与治理层沟通与以前期间相关的未更正错报对相关类别交易、账户余额或披露以及财务报表整体的影响
    D. 除非法律法规禁止，注册会计师应当与治理层沟通未更正错报

2. 下列有关管理层书面声明的作用的说法中，错误的是(　　)。
    A. 书面声明为财务报表审计提供了必要的审计证据
    B. 管理层已提供可靠书面声明的事实，可能影响注册会计师就具体认定获取的审计证据的性质和范围
    C. 书面声明可以促使管理层更加认真地考虑声明所涉及的事项
    D. 书面声明本身不为所涉及的任何事项提供充分、适当的审计证据

二、多项选择题

1. 下列有关期后事项审计的说法中，正确的有(　　)。
    A. 注册会计师应当设计和实施审计程序，获取充分、适当的审计证据，以确定所有在财务报表日至财务报表报出日之间发生的、需要在财务报表中调整或披露的事项均已得到识别
    B. 注册会计师应当恰当应对审计报告日后知悉的且如果在审计报告日知悉可能导致注册会计师修改审计报告的事项
    C. 注册会计师应当要求管理层提供书面证明，确认所有在财务报表日后发生的、按照适用的财务报告编制基础的规定应予调整或披露的事项均已得到调整或披露
    D. 财务报表报出后，注册会计师没有义务针对财务报表实施任何审计程序

2. (中国石油大学(华东)2022)注册会计师出具保留意见的情形有(　　)。
    A. 在获取充分、适当审计证据后，注册会计师认为错报单独或汇总起来对财务报表影响重大，且具有广泛性
    B. 在获取充分、适当审计证据后，注册会计师认为错报单独或汇总起来对财务报表影响重大，但不具有广泛性
    C. 注册会计师无法获取充分、适当审计证据以作为形成审计意见的基础，但认为未发现的错报(如存在)对财务报表可能产生的影响重大，但不具有广泛性
    D. 注册会计师无法获取充分、适当审计证据以作为形成审计意见的基础，但认为未发现的错报(如存在)对财务报表可能产生的影响重大且具有广泛性

三、案例题

1. (山东财经2022、北航2018、河南科技2021、陕西理工2021、南京信息工程2021、桂林电

子科技大学2017、湖南工商2023、安徽财经2023)对在审计过程中出现的下列各种情况,请分别确定注册会计师应签发何种类型的审计报告?并简要说明理由。

(1)注册会计师未曾观察客户的存货盘点,又无其他程序可供替代。

(2)委托人对注册会计师的审计范围加以严重限制。

(3)根据有关协议,或有负债及可能存在的账外负债由被审计单位承担损失并支付。按照财政部发布的《关联方之间出售资产等有关处理问题暂行规定》,该项或有负债可能影响发生期的损益。被审计单位已在会计报表中进行了披露。

(4)被审计单位有两笔金额较大的借款项目未作账务处理,注册会计师建议将其作账务处理并计算其应计利息入账,被审计单位拒绝采纳。

2.(浙江财经2016)ABC会计师事务所是一家证券资格会计师事务所,每年承担多家上市公司年度财务报表的审计工作。ABC会计师事务所的注册会计师在与某客户公司管理层沟通的过程中,管理层表示,审计人员与公司的客户联系可能会导致客户误认为公司陷入了财务困境。因此,为了避免这种误解为公司经营带来不必要的麻烦,管理层表示,审计人员不可以与客户直接联系,若要与客户联系,必须通过公司进行联系。除此之外,审计人员可以不受任何限制地利用公司所有记录,也可以实施审计人员认为必要的所有审计程序。

你认为材料中所述事项是否会影响注册会计师的审计行为或审计结论?请说明理由。

3.(山东财经2023)ABC会计师事务所的A注册会计师负责审计多家上市公司2018年度财务报表,遇到下列与审计报告相关的事项:

(1)2018年年末,乙公司将大额债权转让给甲公司,因转回相关的坏账准备而产生的利润占当年利润总额的20%。因无法就该交易的商业理由获取充分、适当的审计证据,A注册会计师对财务报表发表了保留意见。

(2)丙公司管理层以无法做出准确估计为由未对2018年年末的长期股权投资、固定资产和无形资产计提减值准备。A注册会计师实施审计程序获取充分、适当审计证据后,认为上述事项导致的错报对财务报表具有重大且广泛的影响,拟对财务报表发表无法表示意见。

(3)丙公司某子公司于2019年1月1日起停止营业并开始清算,债权人申报的债权金额比该子公司2018年年末相应的账面余额多5亿元,占丙公司2018年年末合并财务报表净资产的15%。丙公司管理层解释系该子公司与债权人就工程款存在争议,最终需要支付的金额尚不确定,故未在财务报表中予以确认。A注册会计师认为该事项对财务报表使用者理解财务报表至关重要,在无保留意见的审计报告中增加了强调事项段提醒报表使用者关注。

(4)丁公司2018年11月陷入一场诉讼,2019年1月判决结果已出,需要赔偿原告方100万元,丁公司2018年实现利润50万元。A注册会计师要求丁公司在财务报表中对该事项进行更正及披露,丁公司做出恰当处理后,A注册会计师出具了带强调事项段的无保留意见。

(5)戊公司2018年度某项重大交易的交易对方很可能是管理层未披露的关联方,A注册会计师实施了追加的审计程序并与治理层沟通后,仍无法证实。A注册会计师认为,交易对方是否为关联方存在重大不确定性,拟在审计报告中增加强调事项段。

要求:逐项指出A注册会计师的做法是否恰当。如不恰当,简要说明理由。

4.(财科所2022)A公司是一家A股上市公司,主营外销产品,股本4亿股。2022年,甲会计师事务所首次承接了 A 公司 2021 年度财务报告审计工作。

经初步了解,2019 年前公司经营稳定,2019—2021 年度,受到新冠疫情的影响,A 公司海外市场变化巨大,连续 3 年出现经营状况整体大幅度下滑趋势,生产量、销售量每年萎缩 50% 至 80%,产品积压严重,设备闲置。在 A 公司 2021 年财务报告中,固定资产、存货、应收账款等报表项目价值均以原始账面成本反映,且三个项目的金额均超过亿元。进一步了解得知,由于当地上市公司较少,地方政府以往每年对 A 公司给予一定程度扶持。

请问:

(1)固定资产、存货、应收账款等报表项目在 A 公司 2021 年度财务报告中以原始账面成本反映是否恰当?为什么?

(2)根据重要性原则判断,固定资产、存货、应收账款等报表项目数额是否符合重要性水平?在审计过程中应当如何认定?

(3)公司持续经营前提是否存在?

(4)甲会计师事务所出具的审计报告应当表达何种审计意见?

5.(河南财经政法 2020)某会计师事务所已于 2020 年 3 月 18 日完成对甲股份有限公司 2019 年度财务报表的外勤审计工作,正在草拟审计报告。注册会计师张三在复核审计工作底稿时,发现存在下列主要情况:

(1)审计工作底稿显示,2019 年度利润表重要性水平为 70 万元,2019 年 12 月 31 日的资产负债表重要性水平为 85 万元。

(2)2020 年 3 月 1 日,××市高级人民法院最终裁定,2020 年 1 月被告甲股份有限公司侵权,应赔偿乙股份有限公司 300 万元。

(3)2019 年 12 月 31 日对甲股份有限公司甲产品进行监盘时,发现该产品数量短缺 1 500 件,甲产品单位成本 600 元,但甲股份有限公司未作调整。

要求:

(1)根据上列第(1)种情况,应选择的重要性水平为多少?说明理由。

(2)根据上列第(2)、(3)两种情况,注册会计师应提出何种处理建议?

(3)如果甲股份有限公司针对(2)和(3)两种情况均未接受调整建议,注册会计师应出具何种意见的审计报告?

6.(财科所 2020)某会计师事务所的 A 注册会计师负责审计多家上市公司 2019 年度财务报表,遇到下列与审计报告相关事项:

(1)A 注册会计师无法就 H 公司 2019 年年末存放在第三方的存货获取充分、适当的审计证据,对财务报表发表了保留意见。A 注册会计师认为除这一事项外,不存在其他关键审计事项,因此,未在 H 公司审计报告中包含关键审计事项部分。

(2)M 公司某子公司于 2020 年 1 月 1 日起停止营业并开始清算,债权人申报的债权金额比该子公司 2019 年年末相应的账面余额多 5.6 亿元,占 M 公司 2019 年合并财务报表净资产的 16.5%。M 公司管理层解释系该子公司与债权人就工程款存在争议,最终需要支付的金额尚不确定,故未在财务报表中予以确认。A 注册会计师认为该事项对财务报表使用者理解 2019 年度的财务报表至关重要,在无保留意见的审计报告中增加了强调事项段提醒报表使用者关注。

(3)W 公司的某重要子公司 2019 年年末处于停产状态，其核心技术人员已离职成立新公司，与 W 公司构成同业竞争并占据主要市场份额。管理层拟在三年内自主研发替代性技术，基于该假设编制的预计未来现金流量现值显示，收购该子公司形成的大额商誉不存在减值。A 注册会计师认为技术研发成功的可能性存在重大不确定性，在无保留意见的审计报告中增加了强调事项段提醒报表使用者关注。

(4)S 公司 2017 年和 2018 年连续两年均亏损，2019 年实现净利润 1.6 亿元，其中包括控股股东债务豁免收益 2.3 亿元。A 注册会计师认为该交易不具有商业实质，对 S 公司 2019 年度财务报表发表了保留意见。

要求：针对上述事项(1)至(4)，逐项指出 A 注册会计师的做法是否恰当。如不恰当，简要说明理由。

7.(浙江财经 2023)ABC 会计师事务所的 A 注册会计师负责审计多家上市公司 2017 年度财务报表，遇到下列与审计报告相关的事项：

(1)甲公司管理层在 2017 年度财务报表中确认和披露了年内收购乙公司的交易。A 注册会计师将其作为审计中最为重要的事项与治理层进行了沟通，拟在审计报告的关键审计事项部分沟通该事项。同时，因该事项对财务报表使用者理解财务报表至关重要，A 注册会计师拟在审计报告中增加强调事项段予以说明。

(2)丙公司管理层在 2017 年度财务报表附注中披露了 2018 年 1 月发生的一项重大收购。A 注册会计师认为该事项对财务报表使用者理解财务报表至关重要，拟在审计报告中增加其他事项段予以说明。

(3)A 注册会计师对甲公司关联方关系及交易实施审计程序并与治理层沟通后，对是否存在未在财务报表中披露的关联方关系及交易仍存有疑虑，拟将其作为关键审计事项在审计报告中沟通。

(4)2017 年 10 月，上市公司丁公司的董事因涉嫌内幕交易被证券监管机构立案调查，截至审计报告日，尚无调查结论，A 注册会计师拟在无保留意见的审计报告中增加其他事项段说明这一情况。

(5)戊公司是外资投资企业，委托 ABC 会计师事务所对其分别按企业会计准则和国际财务报告准则编制的两套财务报表进行审计，A 注册会计师拟分别在审计报告中增加强调事项段，说明对另一套财务报表出具审计报告的情形。

要求：针对上述第(1)至(5)项，逐项指出 A 注册会计师的做法是否恰当。如不恰当，简要说明理由。

8.(青岛科技 2022)甲注册会计师作为 Z 会计师事务所审计项目负责人，在审计时发现 D 公司应在 2020 年 6 月确认的一项销售费用 200 万元没有进行确认。D 公司在编制 2020 年度财务报表时，未对此项会计差错进行任何处理。D 公司 2020 年度利润总额为 180 万元。

要求：假定上述情况对 D 公司 2020 年度财务报表的影响是重要的，且 D 公司拒绝接受甲注册会计师提出的审计处理建议，请判断甲注册会计师应对 D 公司 2020 年度财务报表出具何种类型的审计报告，并简要说明理由。

四、名词解释

1. (吉林财经2017、沈阳建筑2017、江西财经、财科所2018、华侨大学2018)审计报告
2. (南审2017、山东工商2022)标准审计报告
3. (南京信息工程)非标准审计报告
4. (沈阳大学2020)否定意见的审计报告
5. (江西财经、上大管理学院2020、河南科技2021、陕西理工2021、财科所2014)审计意见
6. (桂林电子科技2018)无保留意见

五、简答题

1. (中国地质大学(武汉)2023)审计过程中发现错报,审计人员应该如何处理?
2. (东北石油2016、南京审计2019、云南大学2020)审计报告要素包括哪些或简述审计报告的内容。
3. (东南大学2014、南京农业2018)简述审计报告的作用。
4. (北京信息科技2022、沈阳化工2022、贵州财经2017、沈阳建筑2017、广东工业2018、财科所2019、湖南科技2020、浙江大学2020、广东财经2020、云南大学2020、桂林电子科技2020、山东工商学院2022、湖南工商2023)简述审计报告意见的类型。
5. (西安石油2020、苏州大学2020)什么是审计报告?审计报告的意见类型有哪些?
6. (新疆财经2022、贵州财经2017、财科所2018、中南林业科技2019、延安大学2019、上海国家会计学院2020、山西财经2020、西北政法2020)简述审计报告的意见类型及其出具条件。
7. (安徽财经2022、中南林业科技2021、桂林电子科技2020)注册会计师在什么情况下出具无保留意见、保留意见和无法表示意见?请举例说明。
8. (浙江农林2020)简述上市公司审计报告包括的类型,并解释什么是无保留意见的审计报告。
9. (沈阳大学2018)什么是保留意见审计报告和无法发表意见审计报告?注册会计师分别在什么情况下给出?
10. (重庆大学、南京信息2018、北京交通2021、安徽财经2022)简述出具无保留意见审计报告的条件。
11. (华北电力2018、深圳大学2020)注册会计师在什么情况下应出具无法表示意见的审计报告?
12. (武汉大学2019)在审计工作中,审计报告可以出具保留意见的情形有哪些?
13. (广东财经2020)适用保留意见和否定意见的情形分别有哪些?
14. (河南财经政法2022)简述审计报告意见的类型,并说明注册会计师在何种情形下出具无保留意见?
15. (新疆农业大学2017&2020)简述审计意见的类型、特征及区别。
16. (东北师范)简述出具否定意见和无法表示意见的区别。
17. (南京信息工程大学2020)非标准财务报告审计意见有哪些?
18. (华侨大学2018)审计报告的截止日期为什么是资产负债表日?
19. (深圳大学2020)请阐述发表否定审计意见的措辞。
20. (黑龙江八一农垦)请编写对ABC公司2014年财务报告出具保留意见的审计意见段。

21.（沈阳建筑 2022）如果你是一个注册会计师，你审计的一家单位在某个重大方面没有按照重大事项反映，现在被审计单位不让你对此进行披露，你同意了，这样的做法对吗？

22.（南京审计 2018）简述审计报告中沟通关键审计事项的含义及作用。

23.（福建农林 2020、长沙理工 2021）审计过程中为什么要披露关键审计事项？

24.（深圳大学、东北师范 2020）什么是关键性审计事项？请举例说明。

25.（北京交通 2021）如何选取关键审计事项？

26.（北京交通 2016）简述审计报告的强调事项段与其他事项段。

27.（青岛理工 2020）强调事项是什么？

28.（云南大学 2022&2023）简述强调事项段和关键审计事项的区别和联系。

29.（浙江财经 2020）请举出两个注册会计师需要在强调事项段做出说明的例子。

30.（北京交通 2021）举例说明哪些事项可以在强调事项段进行说明。

31.（河海大学 2018）完成审计阶段有哪些工作？

32.（北京交通 2021）谈谈对管理层书面声明的理解。

33.（北国会 2013、北京交通 2021）简述审计工作底稿复核阶段的处理。

34.（财科所 2014）注册会计师应如何评价财务报表的合法性与公允性？

07 第七章 跨章节综合题

一、简答题

1. （南京审计 2021、新疆农业大学 2021、石河子大学 2022）审计与会计的区别是什么？
2. （湖南大学、长江大学 2020、浙江财经 2021）在财务报表审计业务中，什么是会计责任？什么是审计责任？
3. （北京石油化工 2023）请从审计流程的角度来阐述如何避免审计风险？
4. （财科所 2022）什么是审计的重要性水平？注册会计师应当根据哪些具体情况判断某一事项是否属于重大事项？

二、案例题

1. （财科所 2017）A 公司是 F 会计师事务所的审计客户。2016 年 11 月，F 会计师事务所与 A 公司续签了审计业务约定书，审计 2016 年度会计报表。在审计工作过程中，出现了以下事项：
(1) 丁注册会计师已连续 5 年担任 A 公司年度会计报表的签字注册会计师。根据有关规定，在审计 A 公司 2016 年度会计报表时，F 会计师事务所决定不再由丁注册会计师担任签字注册会计师。但在成立 A 公司 2016 年度会计报表审计项目组时，F 会计师事务所要求丁注册会计师担任外勤审计负责人。
(2) 甲、乙两位审计人员在审计中发现，根据 A 公司提供的未经审计的合并财务报告，A 公司在 2016 年未发生并购和资产重组行为，供产销形势与 2015 年类似，公司坏账准备按照期末应收账款余额的 0.5% 计提，会计报表项目附注为：应收账款余额 16 553 万元，坏账准备余额 52.77 万元。A 公司应收账款账龄分析表如下。

账龄	年初数/万元	年末数/万元
1 年以内	8 392	10 915
1—2 年	1 186	1 399
2—3 年	1 161	1 365
3 年以上	1 421	2 874
合计	12 160	16 533

(3) 审计中，甲、乙两位审计人员注意到，A 公司 2016 年年初开发建成一幢商住两用楼盘，建造成本 3 000 万元。其中，一层商铺（价值 1 200 万元）用于出租，其余楼层（价值 1 800 万元）用于办公，商铺已于 2016 年 3 月 31 日签约出租。公司于 2016 年 1 月 31 日做了增加"固

定资产"的会计处理,并计提了折旧(按照使用年限30年,预计净残值10%计算)。公司于2016年4月对租赁业务收入做了增加"营业收入"的会计处理。

(4)审计中,甲、乙两位审计人员还注意到,A公司存货比重大,约为资产的40%。甲、乙两位审计人员审阅了12月31日的盘点记录,其中,A产品期末盘存量是20 000件,查阅以前的明细账,A产品期末库存量保持在12 000件左右。审计人员提出对产品进行盘点,但A公司以避免延误交货为由,婉言拒绝。

(5)由于A公司业务状况不好,2016年度会计报表审计的费用下降30%,导致F会计师事务所审计收入不能弥补审计成本,F会计师事务所决定不再对A公司下属的2个主要的销售分公司进行审计,并以审计范围受限为由出具了保留意见的审计报告。

要求:

(1)请根据中国注册会计师职业道德规范有关独立性的规定,判断上述(1)、(5)项情形是否对F注册会计师事务所的独立性造成损害,并简要说明理由;

(2)假定(2)中年初数已审定无误,如果你作为审计人员,在审计计划阶段,请运用专业判断,必要时运用分析程序,指出(2)中存在哪些不合理之处,并简要说明理由;

(3)甲、乙两位审计人员是否需要针对(3)提出审计调整意见?如提出审计调整意见,请列出相应调整分录;

(4)注册会计师是否应当坚持对存货进行监督性盘点?请简要说明理由;

(5)F会计师事务所是否应当出具保留意见的审计报告?请简要说明理由。

2.(中南财经政法2019)ABC会计师事务所负责审计甲公司2018年度财务报表,在审计过程中,发生了以下事项:

(1)由于收入对财务报表的影响是重大的,注册会计师对甲公司的营业收入执行实质性程序,进行抽样测试,将2018年度的营业收入总额作为总体,选取12月26日至31日的所有交易导致的收入项目作为测试样本,测试结果并未表明存在重大错报,测试结果满意。

(2)甲公司的业务操作流程依赖高度自动化的信息系统,注册会计师进行了控制测试,对信息系统一般控制进行了测试,并对财务信息处理的应用控制进行了测试,测试结果满意。

(3)A注册会计师发现甲公司应收票据余额重大,对应收票据的期末余额执行实质性程序,检查相应的票据进行比对,结果满意。

(4)审计项目组对甲公司应收账款执行了函证程序,发现收到的回函是采用甲公司的物流服务寄回的,注册会计师认为该询证函回函的可靠性受到影响,便向该单位重新发送了询证函并要求其采用第三方物流直接寄回事务所。

(5)在对甲公司财务报表审计的过程中,发现甲公司未给部分快递人员缴纳社保,项目组成员就该事项询问相关管理层,管理层解释到由于快递人员流动性较高,考虑双方利益而未给对应部分职工缴纳社保,注册会计师查看人事部门相关入职离职记录后,认为其理由合理。

要求:假设不考虑其他因素,仅单独考虑上述事项,请分别指出该项判断是否恰当,若不恰当,请说明理由。

3.(齐齐哈尔2020)ABC会计师事务所负责审计甲公司2019年度财务报表,并委派A注册会计师担任审计项目合伙人。在执行审计工作时,A注册会计师执行了以下审计工作。

(1)在制定具体审计计划时，确定了重要性水平。
(2)在采取跟函方式下，被审计单位员工到柜台办理相关事宜，注册会计师在休息区等候。
(3)将观察某项正在执行的控制作为证明该项控制一贯有效执行的审计证据。
(4)在对同一认定实施细节测试的同时，也实施了实质性分析程序。
(5)为测试2019年现金支付授权控制是否有效运行时，将已授权的项目作为抽样总体。
(6)注册会计师在审计工作底稿归档之后，收到了一份应收账款询证函的回函，于是替换了审计档案中替代审计程序相关材料。
(7)被审计单位将应采用直线法提折旧的固定资产采用双倍余额递减法计提折旧，注册会计师认为构成一项错报。
(8)注册会计师只在审计的初始阶段了解被审计单位及其环境。
(9)了解甲公司的内部控制时，注册会计师主要实施了分析程序和重新执行。
(10)注册会计师实施不可预见的审计程序时，没有与被审计单位的高层管理人员事先沟通。
(11)注册会计师运用职业判断，针对财务报表层次的重大错报风险确定了总体应对措施，针对认定层次的重大错报风险确定了进一步审计程序。
(12)注册会计师要求管理层提供书面声明，确认所有在财务报表日后发生的、按照适用的财务报告编制基础的规定应予调整或披露的事项均已得到调整或披露。
(13)为了能够发现被审计单位高估应收账款，注册会计师从发运凭证追查至应收账款明细账。
(14)注册会计师实施替代程序无法获取有关存货的存在和状况的充分适当的审计证据，但项目组认为未发现的错报对财务报表可能产生的影响重大，并且具有广泛性，因此，注册会计师发表了保留审计意见的审计报告。
(15)注册会计师签署审计报告的日期为2020年4月15日，管理层签署已审计财务报表的日期也为4月15日。

要求：假定不考虑其他事项，请判断A注册会计师的上述处理或观点是否恰当。如果不恰当，请简要说明理由。

参 考 文 献

[1] 宋常,王玉涛. 审计学[M]. 9版. 北京:中国人民大学出版社,2022

[2] 中国注册会计师协会. 注册会计师全国统一考试辅导教材——审计[M]. 北京:中国财政经济出版社,2023

[3] 刘明辉,史德刚. 审计[M]. 8版. 大连:东北财经大学出版社,2022

[4] 陈汉文. 审计[M]. 4版. 北京:中国人民大学出版社,2020

[5] 秦荣生,卢春泉. 审计学[M]. 10版. 北京:中国人民大学出版社,2019